土包子愛臺灣

吳鳳的28個生活驚奇

吳鳳◎著

獻給這塊美麗寶島的每一個人。

To the beautiful people of beautiful island.

前言

土耳其男兒
遠征臺灣！

「為什麼你會來臺灣？」這是我來臺灣後最常聽到的問題。

很多臺灣人都很好奇：為什麼這麼多老外要來臺灣？我也不知道該怎麼解釋，這故事說來話長，所以我每次都開玩笑說：「我來臺灣是想看到你們啊！」

雖然我終於如願以償，將我來到臺灣這些年的生活紀錄下來，但一本書真的沒辦法寫出六年來的點點滴滴，常常一寫就欲罷不能。所以出版社說：「吳鳳，如果你還有那麼多東西要寫，最好寫在下一本書，因為這本書放不下了！」因此，我大概只有一千兩百字的篇幅可以回答這個問題XD。

之所以來臺灣，最主要的原因是為了讀書。二〇〇一年，我在土耳其

從第一所大學畢業後，覺得自己還需要學更多東西，也需要更多不同經驗。加上我非常嚮往中華文化，於是決定進入安卡拉大學學中文。那年，我二十一歲。

有些朋友覺得，念書浪費時間，又花爸爸的錢，也有人對我學中文抱持反對態度。但我覺得，他們並沒有看到華人市場與中華文化的深度，我深信學中文可以為我帶來充滿色彩的未來，於是毅然決然繼續我的讀書計畫。

當時在土耳其學中文的人不多，當我告訴爸爸對中文的興趣和繼續深造的計畫時。

我爸爸說：「沒有問題，你要做什麼，我都支持你！」

聽到爸爸的話，我真的開心死了！沒有家人的支持，我是不可能成功的。我每天都會感謝上蒼，感謝祂給我那麼厲害的爸爸。如果沒有他，你們就沒有辦法認識我了，也沒有辦法看到這本書了。

不過，在土耳其想念中文系沒那麼簡單，我們必須和臺灣學生一起考試、競爭，才有機會進入大學就讀。

二〇〇一年的那個冬天，我非常努力，一邊照顧爸爸的洗車場，一邊
準備大學考試。隔年五月我參加了大學考試，八月一放榜，就聽到妹
妹帶來好消息。

她打電話告訴我：「哥哥，恭喜你，你考上安卡拉大學中文系！」

我開心得說不出話來，只能在心裡大叫：「哈哈，我終於成功了！」

安卡拉是土耳其的首都，有許多臺灣學生在此生活，大學裡也有臺灣
來的老師。我在學校裡學到很多中華文化，也慢慢了解臺灣這塊土
地，種種新奇的知識，讓我暗自下了決定——總有一天，我一定要去
臺灣看看！

不過，要申請去臺灣的獎學金也不簡單，每年只有一個畢業生可以得
到臺灣學校的獎學金。在此之前，還必須保持四年的好成績，才能得
到這個機會。所以，在安卡拉大學裡的每一天，我都很努力學習，把
每一個考試考好，讓老師們看到我的決心。終於，四年努力換來了最
大的禮物——去臺灣留學。

我的家人也為我感到高興與驕傲。二〇〇六年八月二十一日，我永遠也忘不了這一天，那天我含著眼淚離開了我的故鄉，飛到臺灣。

直到現在，我來臺已經邁入第六年，之所以寫這本書，是想跟大家分享我為什麼這麼愛臺灣，還有我在臺灣看到的各種千奇百怪的趣事。

現在，跟我一起走吧！

目次

PART 4　太好吃、太好喝的胖子養成班！

PART 5　什麼都有，什麼都超好玩！

Bonus　吳鳳vs.臺灣的13之最

PART 1

臺灣新生活，統統大不同！

臺灣在哪裡？臺灣人愛做什麼？

這裡是 Taiwan 還是 Thailand？

為什麼大家都這麼愛睡覺？……

對歪國人來說，臺灣真是一個神祕的國度啊！

臺灣新生活，統統大不同！

臺灣，
妳在哪裡？

老外眼中的臺灣，離國際好遙遠

「臺灣在哪裡？」

臺灣人聽到這個問題一定覺得很納悶，這不是很簡單的問題嗎？但真的有很多外國人不知道臺灣在哪裡。

現在的我，當然知道漂亮的寶島在哪囉！可是以前的我，就像那些從沒來過臺灣、甚至沒聽過臺灣的外國人一樣，對臺灣和她美麗的文

臺灣～
where are you ?

化，都非常陌生。甚至因為發音相
似，有些外國人還會把臺灣（Taiwan）
誤以為是泰國（Thailand）！

每當我聽到有人把臺灣說成泰國時，
我就覺得很生氣。他們不了解臺灣文
化沒關係，至少也要了解一下臺灣的
位置吧！不過，這也不能怪他們，可
能是我們不夠努力向國際推薦臺灣這
個寶島。

和大家分享一個我朋友的有趣故事。有一個在臺灣讀書的外國人Ａ，他的朋友Ｂ為了要給Ａ一個驚喜，決定到「臺灣」去找他。不過Ｂ誤以為臺灣就是泰國，就興沖沖的飛到了曼谷，然後打電話給Ａ。於是，Ａ就去桃園機場找Ｂ。結果當然找不到。

Ａ：「我找不到你，你在哪裡？」

人在曼谷的Ｂ一頭霧水的回答：「哈哈！怎麼可能找不到我？你真的很笨耶！」

Ａ跑來跑去四處尋找，還是找不到Ｂ，於是又問：「不好意思，你們在桃園國際機場的哪裡？」

跑錯地方的Ｂ嚇了一大跳：「What the fuck？！（譯：搞啥？）桃園？桃園在哪裡？我在曼谷機場耶！」

Ａ冷冷的回答：「你在開玩笑嗎？我在臺灣，不是泰國！你們跑錯國家了！Taiwan is not Thailand！」

我可沒開玩笑喔！這是我朋友的親身經驗，或許你會覺得很誇張，但

相信我，我們的寶島除了亞洲地區的人，真的很少外國人知道，會有以上對話發生也不無可能。

二〇〇六年八月二十一日，我和同行的土耳其朋友從伊斯坦堡搭飛機飛到了臺北，因為這是我第一次坐飛機，有點不習慣，一路上坐得我屁股好酸喔！但一想到馬上就可以抵達心目中的夢想國度，心裡就覺得屁股再痛都值得！

經過十六個小時的漫長飛行，終於降落在桃園國際機場。一走出飛機，有種從監獄走出來的錯覺，臺灣的空氣好清新啊！一片海闊天空，很自由的感覺，屁股雖然很痛，心情卻很愉快！

桃園國際機場比我想像中還小，很多地方都在進行整修，真期待它整修完畢的模樣，相信一定會非常漂亮、現代化！

一走出機場的自動門，我就感覺到迎面撲來的熱浪，好像進入一個巨大的烤箱中！

記得在土耳其時，一位臺灣朋友警告我：「臺灣的夏天非常熱喔！」

我還不知死活的說：「沒關係，土耳其也很熱啊！」真沒有想到，居然有地方比土耳其還濕熱！於是，我開口說的第一句中文是：「靠！好熱！」

來接機的司機大哥聽到我這麼說，很驚訝的轉頭稱讚我：「你中文說得很好喔！」

我也開玩笑回應：「我覺得我的粗話說得比較好！」——這是我在臺灣說的第一個笑話。

其實我在安卡拉沒有學太多中文的粗話，也沒有認真問過臺灣人該怎麼罵，不過我和其中一位臺灣朋友，會從事類似的「文化交流」，互相教對方臺灣人常用的粗話和土耳其粗話，不過這是不良示範，小朋友千萬別模仿啊！

從機場到臺北市區的路途中，我一直好奇的把頭探到外面張望，對臺北的第一印象就是道路很漂亮、交通便利，而且臺灣也比我想像中更「綠」，隨處可見綠地。

但我更期待的，是親眼看到臺北101大樓！以前在土耳其就曾看過一部有關它的精采紀錄片，讓我內心充滿了憧憬！沒多久，臺北101終於出

101
我看到你了！

現在我眼前，雖然是從很遠的地方看，還是覺得它真迷人啊！

我一邊欣賞窗外景色，一邊跟司機大哥聊天，問了他好多問題。和我一起來的土耳其朋友因為不會說中文，我就幫忙翻譯，才來臺灣不到一天，就感受到臺灣濃濃的人情味。

抵達臺灣學校為我準備好的宿舍，發現宿舍裡臺灣人不多，整個宿舍就好像聯合國一樣，有黑人、日本人、拉丁人……我有一位學妹也住在這裡，所以一點都不會覺得孤單，反而期待能趕快熟悉新環境，認識更多新朋友，才不會無聊。宿舍的工作人員也很客氣，有什麼事情可以直接跟他們講。

宿舍雖然位在新店，離臺北市有些距離，但是臺北捷運很發達，所以還算方便，而且新店很安靜、安全。位於山坡上的宿舍可以看見臺北的風景，非常漂亮，四周都是綠樹，帶給人平靜的感覺。

一到房間，我馬上開窗呼吸新鮮空氣，雖然天氣很悶，仍然能感覺到大自然的美麗。稍微整理環境後，因為太累，我馬上倒頭呼呼大睡，要趕快養足精神，開始臺北大探險！

PART 1

臺灣新生活，統統大不同！

在這裡，Carrefour 有中文名字？

國際品牌中文譯名，老外霧煞煞

我睡了好久好久，起床發現已經晚上了，但心情還是很興奮。因為臺北正在等我！剛來到夢想中的國度，怎麼可以一直睡覺呢？我可沒有那麼笨！於是我立刻起床，決定出門開始探索中文的世界。

我從來沒有待在全中文的環境過，所以決定獨自出門，如果和其他朋友一起，就很難有機會練習了——好了，深呼吸一口氣，吳鳳不怕！做完心理準備，我穿上衣服，大步踏出門。

夜晚的臺北還是很熱，不過我已經漸漸習慣。我決定先去「Carrefour」買一些生活必需品，沒想到，這成為我第一次迷路的開始⋯⋯

大賣場「Carrefour」是世界知名的連鎖企業，但在臺灣它有一個獨一無二的中文名字，老外對這個名字就非常陌生，我也不例外！

原本我以為，隨便出去問一下路人就可以輕鬆找到，沒想到臺灣人都聽不懂我的意思。臺北怎麼可能沒有「Carrefour」？！我在心底納悶。在路上四處問人，轉來轉去，迷路了好幾次，四處亂走，就是沒有看到「Carrefour」。就在我快要放棄的時候，終於有一個英文不錯的年輕人聽懂我的意思，帶我去「Carrefour」，原來招牌上除了英文之外，還寫了三個大字——家樂福。

回想起剛剛四處問路的情景，我發現臺灣人雖然個性害羞，卻很樂於助人。大家聽到我用英文問路，都會先停頓一下，然後看著我的臉慢慢講話。也許是怕我聽不懂中文，大部分的人都會用英文回答，即使是英文不好的人，也很盡力想要幫忙。讓我充分感受到臺灣的人情味！

迷路的時候，路邊也會有一些老人家好奇的看著我，還會指著我說：

「老外、老外！」真的很有趣！我從來沒有這樣被關注過，真覺得有
點不自在。那時候新店的外國人還不算很多，我猜大概是他們比較少
看到老外的關係吧？

不過，隨著我在臺灣生活愈來愈久，就習慣這種感覺了。甚至現在我
看到外國人的時候，也會指著他們說：「哇！你看老外耶！」我想，
我真是愈來愈像臺灣人了！

中文真是困難又複雜，連國際化的名稱也有獨特的中文名字，如果不
學起來，根本找不到你要的東西。那天晚上，我感受到中西方文化的
不同。華人擁有自己的獨特世界，很多歷史學者也很強調這件事情。
後來我就懂了：在臺灣，Carrefour 就是「家樂福」；Burger King就是
「漢堡王」；Coca Cola就是「可口可樂」。我想，我還得更加努力學
習中文，否則連家樂福都找不到，我就要餓死啦！

對了，在回家的路上，我沒有再迷路了喔！

我一路傻笑著走回宿舍，一邊跟自己說：「吳鳳，歡迎來到中文的世
界！」

房子？房間？
傻傻分不清楚！

不可思議的超小居住空間

在異地生活的最大問題之一，就是適應新環境。我也不例外。

來臺灣讀書，是我第一次在國外生活那麼長的時間。以前在土耳其時雖然因為讀書跟工作的關係，也都離家很遠，但感覺還是很不一樣。

到臺灣兩個多月後，日常生活起居大致都適應，也認識了一些臺灣朋友。不過，新店的宿舍雖然很舒服，但室友都是老外，沒有辦法了解真正的臺灣生活跟文化。

雖然跟其他老外聊天也是很好的文化交流，但我一點都不想學墨西哥文化或是知道德國哪裡好玩呀！而且總不能跟韓國學生練習英文吧？我的英文已經夠不標準，他的更可怕！我只希望趕快投入中華文化，而唯一的辦法就是搬離宿舍。

可是要搬去哪裡？這是一個值得思考的問題。

決定搬離宿舍後，我開始跟一位土耳其朋友一起找房子。在土耳其讀書時，我也不是住學校宿舍，心想：在臺灣找房子應該也不難吧！沒想到，在臺北要找一個好地方真是不容易！臺北面積小、人口多，所以空間有限，不像土耳其到處都是房子。

一開始，我和朋友還幻想：我們會住一間很大的房子，三個房間、一個客廳、一間廁所。還可以邀請朋友來開party。但離開宿舍不久後就發現——我們根本在作夢！在臺北想住那麼大的房子，除非你很有錢才行！

一開始，我們還異想天開，想直接「買」一間房子，但一看到房屋價格都當場傻眼！一間小小的兩房一廳，居然要賣一千萬！相同條件的房子，在土耳其很好的地段也才不到三百萬，臺北的房屋價格實在太可怕了！

我和朋友都很納悶，臺灣人怎麼買房子呢？真是太離譜了！在土耳其，臺幣兩、三千萬已經可以買一座工廠，或是十棟非常漂亮的房子。我看在臺北，想要住心目中理想的房子，除非中樂透或是認識郭董吧！

雖然繼續努力不懈的問人或用網路找，卻完全找不到什麼好地方可以住。以我們的預算，頂多租一間小套房而已。

即使是雅房，租金也不少，最便利的師大附近至少要七、八千元；也有遇到過很可怕的房間，只要兩、三千元，但是得住在工廠、農場，甚至是山上的廟裡，真要住在那裡的話，我看不到一年我就會出家當和尚了。

直到自己出來找房子才知道，每次聽到在外面租屋的臺灣朋友說他們要「回家」了，這個「回家」不是在土耳其習慣的回一間大房子的那種家。而是回到自己租的「房間」而已。很少有人自己在外面租一間大房子。

就這樣跑來跑去，終於找到一間頂樓加蓋的房子，裡面隔成好多小房間分租，環境不是那麼好，不過也沒有更好的選擇了，只好住下。我

的房租是六千元，朋友的房間沒有冷氣，所以是四千元。

過了一段時間後，臺灣進入夏季，朋友覺得熱得要命，於是跟房東說他也要一臺冷氣。但是房東沒有答應，他只好待在自己房間裡一直流汗，結果瘦了不少。

偶爾熱到受不了的時候，他會來我房間一起睡，唉！原本我幻想可以住在一間很好的大房子，結果呢？我居然得跟一個老外（還是男人）擠在一張床上睡覺！

我的房東是一個在美國住過很長一段時間的臺灣歐吉桑，叫作約翰。他穿衣服很有美國七〇年代風格，有點像貓王。因為他英文不錯，所以我們常常聊天，他一直跟我說他想要交一個外國女朋友，叫我幫他介紹，讓我開始覺得，我在臺灣認識的第一個房東好像有點奇怪。

有一天，我發現房間裡有老鼠，因為我的蘋果不見了，於是我馬上跟房東說：「約翰，我家裡有老鼠，怎麼辦？」

沒想到他居然回答：「不用擔心，我家裡也有，哈哈哈！」

聽到他的回答我嚇了一跳，我以為他會幫我殺老鼠或想個解決辦法，結果他居然回答他家也有！想想覺得約翰還挺幽默的。

不過聽到房東這樣說，我當下就決定，早晚一定要離開這裡！不過我已經簽了六個月的合約，所以只好一邊罵房東、一邊覺得他很好玩的過了六個月。

這六個月，我學到很多新東西，認識新的臺灣朋友，終於進入說中文的環境，真正體驗到臺北的生活。

搬家後，我的生活變得更好玩、有趣了，看過很多以前沒有看過的餐廳跟咖啡館，常常搭公車去公園散步，開始享受生活，學到怎麼控制時間跟錢。

所以，我建議每一個要去異國生活的朋友，你們也可以跟我一樣體驗國外的生活。如果出國，一定要在外面租房子（房間也可以啦！），不要住宿舍，雖然這樣生活會比較多挑戰，卻更有意思！

不過還是要提醒大家，如果你們遇到跟我的可愛房東一樣的人，請不要遲疑，馬上離開現場！

臺灣新生活，統統大不同！

租DVD根本是比手畫腳大考驗！

超爆笑溝通絕招

臺灣人租DVD大概需要多久呢？五分鐘還是十分鐘？如果是老外——尤其是中文不標準的老外——可能需要一個小時，才有辦法租到他想要的DVD。

因為電影名稱都會翻成中文的關係，老闆總是聽不懂老外的意思，老外也不知道老闆在說什麼。我以前就是這個可憐的老外，剛來臺灣時，我的中文不太好，雖很想看DVD，卻不知道要去哪裡找來看。

我在土耳其也很少看DVD，有好幾次買到被騙的盜版DVD，這是因為土耳其的盜版DVD裡常常都會有兩部電影。你可別以為賺到了，因為這兩部電影都不是完整的！常常看第一片是「蜘蛛人」，換第二片就變成「鋼鐵人」，永遠都沒辦法看到完整的一部電影。

不過臺灣朋友跟我說，臺灣抓盜版DVD滿嚴格的，最好用租的比較划算。這時候，就會遇到一些溝通上的問題：

我：「老闆你好，我要看『King Kong』。」

老闆：「什麼？香港？」

因為當時我不知道「King Kong」這部電影的中文名稱叫「金剛」，但我還是很希望老闆聽得懂我的意思。

我：「不是Hong Kong，是『King Kong』。」

結果，老闆居然打電話給計程車行說：「你好，這裡有一個老外，中文說得不好，他說他要去香港，你可以來這裡接他嗎？」

我一聽到這句話，馬上開始模仿大猩猩，希望讓他知道我要看的電影。我在店裡面跑來跑去、拍打我的胸口，發出奇怪的吼叫聲。結果店裡很多客人一直盯著我看，他們一定覺得這個老外瘋了！

雖然看起來很白痴，但我終於成功了！老闆終於看出我在努力表演什麼。

他大笑：「哈哈，我知道了，你要看『金剛』對不對？早說嘛！」

從此之後，租DVD就成為一項艱鉅的任務，每部電影都有不同的中文名稱。老外哪裡懂「Transformers」是「變形金剛」、「Titanic」就是「鐵達尼號」，太複雜了，根本不可能學起每一部電影的名字！

於是，我決定靠自己的肢體語言來翻譯。不過後來發現，這不是一個好主意。因為有一次，我想租一部紀錄片叫作「Little Brother」（臺灣沒有引進，所以沒有官方翻譯名稱，請大家自行意會），我知道老闆一定聽不懂我的意思，於是就自己擅自翻譯了片名。

我：「老闆，你好。有沒有『小弟弟』？」

老闆：「哈哈哈，有啊！為什麼沒有？你要幹嘛？」

我：「因為外國朋友很喜歡看小弟弟，我也是，我很好奇好不好看。」

老闆：「我覺得你應該不會喜歡，因為你不是女生。」

我：「沒關係啊，我會喜歡，一定很好看啦！」

老闆一直笑，但我完全不知道為什麼。他說：「但是我只有一個小弟弟，不能給你看。」

我：「老闆，沒關係，我看一下馬上還給你。」

老闆：「哈哈哈哈，老外，你也太可愛了，你知道小弟弟是什麼嗎？」

我：「是什麼？不是電影嗎？」

老闆：「不是，小弟弟就是你每天尿尿的東西，知道我的意思嗎？」

聽到這句話，我的臉瞬間變超紅──我的媽呀！我剛剛說了什麼？真是丟臉！

發生這件事之後，我有好長一段時間都不敢去租DVD。過了好久，才敢再去那間店租DVD。

後來，每次老闆只要一看到我，就會開玩笑說：「吳鳳，小弟弟剛剛租完了喔！」

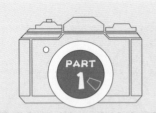

臺灣新生活，統統大不同！

你們也太愛睡午覺了！

悠閒愜意的生活習慣

誰不喜歡睡覺呢？一張很舒服的床、一個很軟的枕頭——哇，真是人生一大享受！可是，臺灣人，你們也太愛睡午覺了吧！

土耳其人沒有睡午覺的習慣，只有小朋友才會睡午覺。也許你們會覺得奇怪，睡午覺是一個很好的習慣，為什麼土耳其人不睡午覺呢？我想可能是土耳其人話比較多，太愛聊天，沒時間睡午覺吧！（誤）

其實這個習慣有點像拉丁國家，他們把睡午覺的文化叫作「siesta」。

在西班牙、義大利、墨西哥等國家，時間一到就開始享受siesta。

第一次發現臺灣人喜歡睡午覺並不是在臺灣，而是在土耳其。有天下午，我去安卡拉的臺灣辦事處處理一些事情，因為怕遲到所以就提早過去。

下午，辦事處的門還沒開，我敲了敲門，不久門開了，一個帥帥的臺灣人歡迎我，我覺得很奇怪，他看起來怎麼這麼累？難道臺灣辦事處的人一直在開派對嗎？雖然好奇，但我不好意思直接問，等辦完事情之後，我馬上去問一個臺灣朋友。

他一聽到我的問題就哈哈大笑，他告訴我，臺灣人有睡午覺的習慣。原來如此，我還以為辦事處的人一直在開派對呢！

來到臺灣之後，就對睡午覺就見怪不怪了。每次在師大，只要時間一到，臺灣學生就開始找位置睡覺，師大圖書館搖身一變成為大飯店。不過我很好奇，他們都是趴在很硬的桌子上睡覺，怎麼會那麼容易就睡著呢？我也試過，但就是無法入睡，桌椅好硬，搞得我腰酸、屁股痛，一點都不舒服啊！

臺灣人真的很會睡耶！有人連搭電梯也能睡著！從一樓睡到十樓，真的超誇張，我想這應該是一種中國功夫或魔術吧！

說也奇怪，久而久之，連我也慢慢被影響，開始睡午覺。大部分失敗但也成功過，不過常常一睡就忘記起床了。臺灣人很厲害從十二點半開始睡到一點半，就會自動清醒，然後繼續去做該做的事。可是我每次從十二點半開始睡，醒來就已經晚上六點了……

這種情況在捷運上也發生過好幾次，臺灣人很奇妙，無論捷運如何搖晃、擁擠，都能很舒服的在捷運上睡覺，所以我決定也來效法，但我通常都一睡不醒，常常坐到最後一站。

如果有一天，你們在捷運裡看到我一睡不起，拜託馬上叫醒我，潑我水也可以！要不然我就會一直從新店到淡水來回睡過來、睡過去啦！

PART
2

臺灣人好猛、好酷、好奇怪！

這裡的阿嬤騎車比舒馬克還厲害！
這裡的小孩看到老外好像看到大雪怪！
這裡的路人老愛稱讚我高又帥……
媽媽咪呀！臺灣人真是奇怪又可愛！

臺灣人好猛、好酷、好奇怪！

連阿嬤騎車
都比我猛！

讓人大開眼界的交通現象

來臺北的第一天，我學會了「馬路如虎口」這句成語，謝謝臺北的交通。

我從來沒有看過那麼多機車聚在一起，一條路上怎麼可能同時有好幾百輛機車？不只我這樣想，很多老外看到那麼多機車都會嚇一跳，多到有點像很多蚊子在路上飛，哈哈！我一開始還有點擔心這樣很容易發生交通事故，可是大家看起來技術都很高超的樣子。我還在路上看

過四個人騎一輛機車，外加一個小嬰兒（天啊！比汽車還厲害！）。

在歐洲和我的故鄉土耳其，這是絕對不可能的事，因為警察會馬上給你吃一張紅單！更讓我驚訝的不是小嬰兒搭機車，而是連狗也會搭機車！難道狗狗都不會怕、也不會想咬人嗎？在國外，狗狗是不能上機車的，因為擔心狗狗會咬人或突然跳下來發生危險，沒想到臺灣的狗狗那麼乖，還會開心的看風景，臺灣的狗狗真的好聰明啊！

我一邊拍照，一邊欣賞大家的「車技」。有些人騎車真的很可怕，甚至一些上了年紀的六、七十歲阿嬤也會騎機車！我們土耳其六、七十歲的老人家，可是連路都快走不動了，臺灣的阿公、阿嬤卻可以騎125cc的機車趴趴走，真是太酷了！後來我把拍到的照片跟土耳其朋友分享，大家都非常吃驚。

雖然路上有那麼多機車，但我發現臺灣的油價不算很貴。二〇〇六年，我剛來臺灣的時候，臺灣油價一公升大約新臺幣二十五到二十六元，在土耳其一公升已經新臺幣七十多元了！雖然現在臺灣油價飆漲，和土耳其比起來還是算便宜的，因為現在土耳其的油價已經漲到一公升新臺幣九十多元了。

愛車小紅上面的土耳其國
旗的烤漆和我的幸運數字
41，都是我自己親手上
漆的喔！

真感謝土耳其政府讓我們用世界最貴的油啊！還好土耳其政府的人不會中文，所以我抱怨一下應該沒關係吧？

關於騎機車，我還有一個很搞笑的故事。

有一次，一位臺灣朋友用機車載我的一位土耳其朋友。他回來之後臉色非常蒼白，一問之下才知道，因為臺灣朋友騎車太可怕，把他嚇得要死！

他激動的告訴我：「吳鳳，臺灣人真是太瘋了！那個男生騎超快，我連眼睛都睜不開。在路上一直祈禱，跟上帝說以後我絕不會再亂拍打臺灣人的機車了！」

看他嚇成這樣，我覺得非常有趣，後來他就很不喜歡騎機車。

現在，那個朋友已經回土耳其了。有時候我還會故意問他：「要不要來臺灣一起騎機車？我載你。」

他馬上回答：「你去死。」哈哈！看來他真的很怕！

現在，我也是機車一族，擁有一臺小 90。這輛機車可是經過我的精心打造！是我在網路精心挑選的二手車，外表的烤漆圖案就是土耳其國旗，是我自己動手漆的，我非常得意！

雖然我的機車很可愛，可是我的騎車技術不太好，不太敢跟臺灣人一起橫衝直撞。騎車非常慢，有時候連阿嬤都會超我車。

如果哪一天，你們看到一個老外騎車騎得很慢，請不要罵他，因為那個人很有可能就是我！

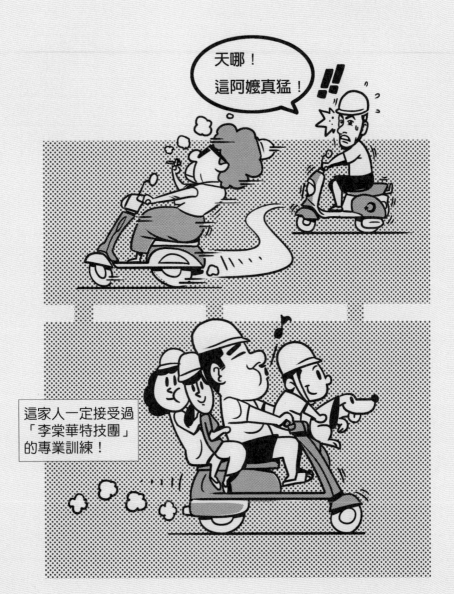

臺灣人好猛、好酷、好奇怪！

常被臺灣人誇獎，
真歹勢！

和善熱情的說話方式

搬家之後，我開始更了解臺灣跟臺灣人，遇到很多有趣的事跟搞笑的人，更讓我發現臺灣人的另一項特點——愛誇獎別人，語氣又很誇張。

無論我去哪裡、做什麼，都會遇到臺灣人誇獎我的中文和一舉一動，真的很有趣！也許臺灣人對外國人的好奇感跟熱情是原因之一，雖然土耳其人也會誇獎，但臺灣人才是真的把這個特點發揮到淋漓盡致！

無論是做節目還是走在路上，大家都對我很好，一直說我很帥很棒（羞）。

以前我在土耳其當導遊的時候，也被德國來的遊客誇獎過我的德文很好，但不算常見，因為德國人個性比較拘謹，不擅長把情緒表達出來。

來到臺灣之後，無論認識或不認識我的人，都會稱讚我的中文說得很好，就算我只說了「你好」兩個字，臺灣人也會馬上開始讚嘆：「哇！吳鳳你的中文那麼好，真厲害！」

我熟練的用筷子吃東西，臺灣人也會說：「吳鳳，你太厲害了，筷子用得比我們厲害！」

大家不要以為這很平常，試著想一想，如果你曾經去歐美國家，應該也不曾聽過外國人稱讚你：「哇！你用叉子用得比我好，真厲害！」

西方比較沒有這種讚美文化，我覺得是亞洲人比較有禮貌，很會說客套話。西方人已經很習慣來自其他國家的人會說他們的語言，所以比較不會表現出吃驚的模樣，除非你真的非常厲害。但對華人來說，外國人說中文或拿筷子，都是很稀奇的事。

以上例子都還算普通，有時候，就連我去逛街也會遇到可愛的臺灣人誇獎我。

記得有一次去郵局寄信，馬上就有很多人圍上來，開始誇獎我：「你好帥」、「中文說得很好」、「你好高」、「你的光頭很光」等等。

我還聽到在郵局工作的一個男生跟我說我很帥，我覺得有點害怕，以為他是 gay。土耳其人雖然也喜歡用「帥哥」稱呼別人，但絕對不會聽到土耳其男人跟另外一個不認識的男人說你很帥，這樣很容易被誤會。

慢慢的，我也習慣了臺灣人這種愛誇獎、很可愛的鼓勵方式，如果來到臺灣的外國人常常聽到這些話，應該就會更有信心、更容易適應臺灣。不過最好別太當真，如果被稱讚久了就真的相信自己很帥的話，回到家鄉沒有人稱讚他了，可能會覺得很失落吧！

除了誇獎，臺灣人說話也很誇張。比如，臺灣朋友問我：「吳鳳，你住在哪裡？」我回答萬華。他馬上就會誇張的說：「哇！那麼遠，離師大很遠耶！你怎麼辦？」

每次聽到這句話我都很想回答：「我每天都搭飛機去上課啊！」

其實從萬華騎機車到師大只要十分鐘左右，幹嘛這麼誇張？真搞不懂。聽他的語氣，好像我每天都從北京到上海去上課一樣。

也有些人一聽到我騎機車，馬上又開始大呼小叫：「吳鳳，你太屬害了！居然會騎機車，不簡單！土耳其有機車嗎？」

我內心 OS：「○×○×○！！」

臺灣人真的很客氣、很友善，喜歡誇獎別人。我也會跟土耳其人分享臺灣人這些有趣的個性，大家都很喜歡，覺得這樣很親切。

希望臺灣人不要失去這個特色，因為現在的世界，很少有人願意稱讚其他人，請繼續這樣下去！但是拜託以後不要跟我說，我的臺語說得很好，因為我知道我的臺語其實很爛啊！

PART **2**

臺灣人好猛、好酷、好奇怪！

到了動物園，
他們都在看老外

天真直接的好奇心

大約在一九八○年代，中西方文化開始有比較頻繁的交流後，在亞洲，常會出現以下有趣的對話：

男人：「親愛的，妳今天要去哪裡玩？」

女人：「我想去看外國人。」

男人：「好，我們買爆米花，然後一起去看。」

到了今日，西方人更了解中華文化，華人也更了解西方人，許多外國人開始學中文，華人也到世界各國做生意或旅行，雙方慢慢放下了以前的刻板印象。華人不再覺得老外是長毛怪，老外也不再誤以為每個亞洲人都是李小龍，甚至還有一些華人已經變成全球知名的國際巨星。

即便現在有那麼多的交流，我在臺灣還是常常遇到有人會指著我說：「哇！你看外國人。」

尤其是小朋友和老人家，對外國人特別有興趣。有時候我在跑步，小朋友一看到我就會開始叫：「Hello！老外，hello。」

我遇到最誇張的是有一天，我跟一個土耳其朋友去臺北市立動物園玩。以前我也去過安卡拉的動物園，相較之下，安卡拉的動物園很小，沒什麼動物，臺北市立動物園根本是五星級，不但乾淨又廣大，還有一些特別的動物，像是無尾熊、貓熊、企鵝等等。

我和朋友一邊看著新奇的動物、一邊走到貓熊館。沒想到一走進貓熊館，瞬間就搶走了貓熊的風采（真不好意思啊～團團圓圓）。

小朋友一看到我們，馬上開始大叫：「老外、老外，哈哈哈！」

我第一次被那麼多可愛的小朋友盯著看，覺得有點不自在。

小朋友還不死心，一直叫：「爸爸、爸爸，你看外國人。」因為聲音實在太響亮了，所有小朋友都轉頭看我們兩個老外。就這樣，我們兩個老外成了貓熊館最熱門的「動物明星」，我想貓熊一定覺得有點生氣，居然受到冷落了吧！

我還遇過一個很有趣的七十多歲阿伯。當時我正在騎機車，在等紅燈的時候，阿伯就停在我旁邊。

他看看我，對我說：「老外你很厲害，會騎機車，不簡單！」緊接著，他問了我一個很爆笑的問題：「你看得懂紅綠燈嗎？」嗯……我又不是色盲啊！

我還遇過小朋友問我：「吳鳳哥哥，你是猴子嗎？」

我又好氣又好笑的反問：「為什麼你覺得我是猴子？」

他回答：「因為你的毛很多。」

我快笑死了，於是回答：「是啊！我是一隻猴子，很喜歡吃香蕉。」他也跟著笑。

這就是我在臺灣遇到不同人對我的反應，不是惡意，單純是人的好奇感，所以我很開心遇到那麼多可愛的人。

希望這本書出版後，會遇到一些朋友們對我說：「光頭老外的書好好看啊！」我一定會覺得很驕傲！

PART **2**

臺灣人好猛、好酷、好奇怪！

打開話匣子，
嘴巴停不了！

全民愛抬槓

在國外，如果和剛認識的人聊天，問一些基本問題是很正常的，但是問政治、工作、女朋友、經濟狀況……這種很私人的問題好像很不常見。

我在臺灣被問過很多千奇百怪的問題，甚至有點像狗仔隊一樣。而且，我覺得臺灣最厲害的狗仔隊根本就是計程車司機。我的媽呀！司機大哥們的問題真是問都問不完，而且會像大學教授一樣，一邊問問題，一邊解釋不同的事情。

搭計程車要看運氣，如果遇到的司機不太會跟你聊天，算你運氣好，但是如果你遇到愛講話的司機……就準備等著被「考試」啦！

所以，有時候搭計程車時假裝不太會中文是一個很好的方法，要不然司機一發現我中文很好，演講就開始了！

大部分計程車司機的第一個問題一定是：「你來臺灣多久？」如果回答兩年以上，司機大哥就會問得更仔細。大部分司機接下來喜歡問：「老外都有幾個女朋友？」或是「你在臺灣賺多少錢？」

如果司機喜歡講政治的話，他馬上就會開始一邊罵政治人物、一邊問我到底要選誰？哈哈，我只是一個老外，哪裡知道要選誰？而且我也不能投票啊！

有時候司機還會逼問我選誰當總統比較好？我只好開玩笑回答：「大哥，你們選我就好，我答應你一定會做得很好，哈哈！」

有這麼多經驗後，每當遇到好奇的司機時，我就會馬上假裝電話響了，然後開始講土耳其話，而且一定要講很久，要不然講完電話，司機馬上會開始問其他問題。

喜歡問問題的臺灣人也不只計程車司機而已，有一些餐廳老闆也滿厲害的。餐廳老闆比較喜歡問關於女朋友的問題，最常聽到的就是：「你有幾個女朋友？」

他不問你「有沒有」女朋友，直接問到底有「幾個」，好像每一個老外都有兩、三個女朋友似的，最好是有那麼厲害啦！

我就認識一個很可愛的滷味老闆，每次去買滷味遇到他，他都會準備好多不同的問題。

老闆：「吳鳳，我在電視上看過你耶，一定賺很多錢吧？」

我：「沒有啦！」

老闆：「屁啦！怎麼可能！」

我：「老闆，真的沒有耶。」

雖然我一直說沒有，但老闆還是不相信我，又繼續問：「你現在那麼紅，有幾個女朋友？」

我：「我沒有女朋友啦！」

老闆：「屁啦！怎麼可能沒有，你那麼帥，一定有很多對不對？」

後來，我就開始發明有趣的回答，來應付大家問我的問題，我發現這樣可以讓時間過得比較快一點，像是搭計程車的時候。

司機：「你在臺灣做什麼工作？」

我：「我在臺灣教客家話。」

司機大哥一聽到這個回答嚇一跳。老外居然會教客家話？

司機又問：「那你為什麼剃光頭？」

我：「因為下一部電影我要演蔣介石的生活，所以需要剃光頭。」

司機：「你為什麼中文說得那麼好？」

我：「因為我是土耳其華僑。」

司機亂問問題的時候，我也會開始亂
回答：其實下一部戲我要扮古人啦～

司機聽到這些回答快笑死了，其實他也知道我在開玩笑，所以我們就
開開心心的聊到目的地。

這些可愛的人和對話，都是臺灣好玩的另一面，外國人都會覺得臺灣
人真的很關心老外的生活。在歐洲，沒有人會問我這些事情，因為歐
洲人不會過問太過私密的問題。

我覺得我沒有選擇去歐洲或美國，真是一個對的決定，那邊不會有這
些有趣的對話，也沒有可愛的滷味老闆跟好奇的司機大哥。

這些人，就是臺灣濃濃人情味的最好證明。

臺灣人好猛、好酷、好奇怪！

你很害羞？
少騙了啦！

嘴巴說害羞，其實很放得開

你有沒有在遇到老外的時候跟他說「我很害羞」？其實害羞很正常，每個人多多少少都會有害羞的感覺。我也有時候覺得自己個性很害羞……哈哈，別偷笑！我知道你們在想什麼，你們一定覺得，吳鳳你在電視上那麼活潑，怎麼可能會害羞！

我在臺灣遇過很多年輕人，他們都很喜歡強調自己很害羞，害我以為臺灣人比土耳其人或任何一個外國人害羞。

如果跟西方人相較，亞洲人的確比較害羞、內向一點，這跟亞洲的文化和教育有關。西方人在很久之前就有跟其他國家交流的經驗，很習慣接觸不同文化，比較外向也是很正常的。不過亞洲人——尤其是華人——比較喜歡保護自己，跟外國人的接觸不會那麼快。不過，只要外國人會說中文，通常這個距離就會慢慢消失了。

雖然有的時候，不同文化背景也會鬧出一些笑話，像是西方人很喜歡跟陌生人聊天或開玩笑，我在臺灣很少遇到臺灣人會這樣。

有一次，一個便利商店店員問我：「你什麼時候來臺灣的？」

我跟她說：「已經很久了喔！我跟蔣介石一起來的。」

店員瞪大眼睛，驚訝的說：「怎麼可能？你看起來很年輕啊！」

其實我只是開玩笑而已啦，不過對方好像信以為真了，真是不好意思。

還有一次，我去東區一間夜店，在排隊時跟一個女生聊天。她一直說自己很害羞，沒想到一進去夜店就開始很狂野的跳舞。

哎喲……吳鳳
也好害羞！

我驚訝的說：「妳剛剛說妳很害羞，不過現在看不出來耶！」

她回答：「那是因為我剛剛在外面啊！」

原來如此，也許臺灣人不太喜歡在外面表現太活潑，但在室內就可以玩得很瘋狂吧！

因為臺灣人的教育背景跟人民性格影響，大家看起來脾氣都很溫和，我在路上很少看到有人吵架，大家都管好自己的事情，不太會干涉別人的生活，人跟人的關係不像土耳其那麼直接。

雖然臺灣人一開始不太容易親近，但我發現臺灣人還滿喜歡老外的。所以在臺灣，外國人很容易交到朋友。

西方人比較喜歡用身體接觸來表達情感，不過在亞洲就很少見。在臺灣，連家人之間也很少這種接觸，但是西方人很喜歡擁抱跟親吻其他人。尤其土耳其人更誇張，也會親吻男性朋友來打招呼，這對我們來說是一個友好的行為。但是臺灣人不太習慣表達內心的感覺，很少在路上看到兩個男生互相親吻或突然抱抱。

有一次，我跟一個土耳其男性朋友在捷運裡親吻打招呼，乘客們都嚇了一跳。大家大概覺得我們是同性戀，但其實不是啦！這就是土耳其人打招呼的方式，在地中海國家也有類似的習慣喔！

在臺灣，傳統中華文化對人的思想跟態度都有一定影響，提倡尊重家人、尊重鄰居，愛國家。臺灣人雖然總說自己很害羞，其實我認為這是尊重他人的一種方式。就我的觀察，臺灣人對任何宗教、任何民族的人都很歡迎與包容，不會有特別仇視的情況發生；在路上不小心被撞倒，對方會立刻說「不好意思」；發生問題，臺灣人也一開口就說「對不起」。這是一個很好的態度，臺灣人真的很有禮貌。不像我在土耳其走路都會小心翼翼，生怕撞到別人，因為對方很可能突然就生氣，和我大打出手。

雖然我去過的地方不多，但世界上真的很少有地方會那麼客氣和友

善。在很多國家，人民常會因為一件很小的事情就吵架或打架。我在臺灣的六年裡，還沒有看過有人真正打起來。

有一次，在墾丁看到有人在吵架，我還以為他們要打起來了，正準備要拍下精采的照片，結果只是罵個兩句就結束了，什麼也沒有發生。要是在國外，連看場足球比賽都可能突然有一、兩百個人跳進去球場裡打架。

雖然臺灣人個性上的確比土耳其人更害羞一點，不過兩國文化之間還是有很多共同點喔！比如說，土耳其人也喜歡跟家人住在一起，即使已經成年，只要沒有結婚，也會跟家人住在一起。這和臺灣緊密的家庭關係很類似，如果是歐美國家，只要超過十八歲，就代表要跟家人分開、自力更生，所以歐洲人也很羨慕土耳其和亞洲深厚的家庭生活呢！

雖然臺灣人很害羞，卻不會因此變得冷漠，大家都很樂於幫助外國人。每次看到有老外問路（還有我問路的時候），臺灣人都會馬上幫忙，不只跟你講要怎麼去，甚至還會帶你一起過去。

有一次，我向一位老人家問路，他怕我會迷路就帶我走，最後居然把

我帶去錯的地方，因為他自己也不知道怎麼走，兩人就一起迷路了。
哈哈！

最後，我想跟臺灣的年輕人說幾句悄悄話：千萬不要再說自己很害羞
了！你們就是臺灣未來的主人翁啊！一定要有自信，勇敢去了解外面
的世界。

我常遇到很多可愛的年輕人看到外國人講話就卡住，非常緊張的樣
子，其實英文不好不是問題，我的中文也不是很棒啊！但我還是一直
努力的說中文、跟臺灣人和這塊土地做朋友。我遇到的每一個臺灣人，
也都非常歡迎我，就算我說的話聽不懂也沒關係。

如果遇到外國人，請不要一直強調自己很害羞，盡量用英文溝通，不
要怕表達自己，也不用覺得外國人比較厲害。世界上沒有一個人是完
美的，我們都是普通人，只是文化跟想法不一樣而已。

千萬不要忘記我這個外國朋友的小建議喔！

臺灣人好猛、好酷、好奇怪！

為什麼硬要
跟我說英文？

太會把握練習英文的機會

有些臺灣人真的很可愛，很愛一直跟老外說英文，常常會形成我一直說中文、他一直回答英文的奇異情況。有些人英文也不太好，還是拚命想說出英文單字，真是辛苦他了！

我在臺灣遇過一些很有趣的情形，你們聽了一定會笑死。

大概兩年前，有一天下大雨，我急著騎車要去三立電視臺，可是迷路了。只好趕快找路人問路……

吳鳳：「你好，請問三立電視臺在哪裡？」

路人：「Oh, Sanli is not far from here.」

我嚇一跳，對方居然跟我說英文，可是時間不多了，實在無法浪費時間說英文，我只好用中文繼續問。

吳鳳：「先生，我真的很需要知道，拜託告訴我。」

路人：「OK. You go left,than right⋯⋯wait, no, no, first this way,than that way⋯⋯」（⋯⋯這位先生真的知道三立在哪嗎？⋯⋯）

天哪！這位先生英文也不是很好，卻很堅持要用英文向我解釋，但我明明就是用中文問他啊！真不懂為什麼他這麼堅持。

我快要急死了，只好說：「先生，你講中文就好，我快遲到了，拜託快點！」

他居然還氣定神閒的回答：「Oh! You speak Chinese! Good. Where are you from?」（天哪！真想翻白眼！）

我的老天哪！現在風強雨大，這位大哥居然無視我的焦急，還好奇我來自哪裡！結果，我跟他聊了快十分鐘，內褲都被雨淋濕了。他才終於決定講中文，告訴我三立怎麼去。

還有一次，我去找一位醫師，走進辦公室我就問：「不好意思，黃醫師今天在嗎？」

員工：「No,He is not here today.」

吳鳳：「那他什麼時候回來，你知道嗎？」

員工：「I don't know. Maybe later. You from America?」

我看他拚命對我說英文，就決定這次死也不要講英文，盡量讓他發現我會說中文。

吳鳳：「我是土耳其人，但我的英文不太好，你一直講英文我聽不懂耶！」

員工：「Oh, Turkey is a good place. I go there one time. Very good. You teaching English?」（啥咪？是在練習英文對話嗎？）

吳鳳：「大哥，我不會說英文啦！」（這樣已經很明白了吧！）

員工：「You speak Chinese?」（明明知道我會說中文了，還是要講英文！）

吳鳳：「對啊！」

員工：「Wow, You are so good.」（真是太熱情了……）

吳鳳：「謝謝大哥，再見。」（徹底放棄）

員工：「See you later, my friend.」

哈哈，即使知道我不會說英文，會說中文，還是堅持要跟我說英文，雖然覺得有點無奈，但這些臺灣朋友實在是太可愛啦！

最誇張的是，我還曾經遇過臺灣人一直跟我說臺語。英文我還能應付，但跟我講臺語……這……真的有點難度啦！我真的還聽不太懂，拜託大家放過我吧！

不過，經過這幾次情況之後，都讓我常常在想：會不會是我看起來愈來愈像臺灣人了，你覺得呢？

其實說中文我也聽得懂啦～真的！

只有臺灣有，別處找不到！

只有臺灣才會用動物取綽號？

只有臺灣才有可怕的颱風！

只有臺灣人才會熱情的說「歡迎光臨」？

只有臺灣人才會做的奇怪工作……

來到臺灣才發現，這些東西好 Special！

PART 3

只有臺灣有，別處找不到！

啥？你的名字叫小豬！

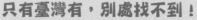

取綽號就像「動物大觀園」

交朋友的時候，很多人都會有一個綽號，來增加親切感，拉近彼此的距離。

在土耳其，我們也很愛幫人取綽號，不過土耳其用的綽號跟臺灣人完全不一樣。雖然土耳其人不常用動物當綽號，但還是會用一些很厲害的動物，例如獅子、老虎。土耳其男生喜歡比較 man 的綽號，女生的綽號則大多和她的名字有關聯，沒有特殊含意。就像臺灣有些女生會用名字其中一個字，取作小娟、阿美一樣。

我的門牙大嗎？
明明一點都不大啊！
才不像兔子呢！

有時候我們也會幫自己家人取一些有趣的綽號，像我有時候會戲稱我妹妹是「魔鬼」。和台灣人很常使用綽號，甚至取代正式名字不同，土耳其就不常用綽號稱呼別人。

像我在土耳其當導遊的時候，觀光客都叫我 Richie，因為對很多外國人來說 Richie 比我的名字 Rifat 好唸多了，這樣比較順口。

但我完全沒想到，臺灣人取的綽號，居然多用動物、植物，甚至食物來命名。像是兔子、小熊、小猴⋯⋯我第一次聽到這些綽號，真是驚訝極了！因為這些綽號在國外，只有罵人的時候才會用，沒人希望被叫小貓或小熊，除非你是故意想惹別人生氣。但對臺灣人來說，動物的名字很可愛，當成綽號也無所謂。

小時候我也有一個非常不喜歡的綽號。因為我的門牙有點大，看起來很像兔子，所以同學們都叫我兔子，但是我非常討厭叫我兔子的人。

連我妹妹有時候為了故意氣我，也會叫我兔子，所以我常常跟她打架。

一般臺灣人都會用動植物取綽號，沒想到這種情況在明星身上更常發生。國外明星完全無法接受動物綽號，但在臺灣，我發現娛樂圈簡直就像是座動物園！很多藝人喜歡用動物名稱當綽號，例如小豬、蝴蝶姊姊、小蝦……最讓我驚訝的是小豬，這樣一個超級大明星，竟然用「小豬」當綽號。

記得我剛來臺灣不久的時候，臺灣朋友問我：「你喜不喜歡小豬？」

我老實的回答：「謝謝，我不吃豬肉，因為我是穆斯林。」

他們一聽，都笑得東倒西歪。

在國外，我還沒有聽過任何一個巨星把動物名稱當成綽號的，想像一下，如果布萊德‧彼特叫成「小鳥」，他一定會生氣到爆炸，哈！

除了小豬，還有很多我覺得很奇怪的綽號，像是「奶茶」。當她說自己叫奶茶時，我真的以為她在跟我開玩笑，後來才知道是真的！還有一個女性朋友叫小熊，如果在國外，一個女生的綽號叫小熊，我想沒有一個男生會跟她交往。連男生也不希望被叫熊，除非他很壯或有點危險。

我遇過最有趣的綽號其實不是這些。記得有一次,我去朋友家烤肉,遇到一個女生,我問她:「妳叫什麼名字?」

她回答:「你可以叫我牛肉麵。」

我驚訝得說不出話,怎麼可能?她在跟我開玩笑嗎?還好我沒有說:「很高興認識你,我叫 Pizza。」

她真的叫牛肉麵耶!太誇張了!這麼可愛的一個女生,為什麼會取這種綽號?我真的想不通。

從這些例子可以看出東、西方的文化差異。臺灣人用可愛動物當作綽號的文化確實很不一樣,所以我花了一段時間去了解臺灣這方面的文化,當然也不會去罵人或取笑,反而覺得很有趣。

像我現在的中文名字裡面,也有一個動物,就是「鳳」(Phoenix)。在土耳其沒辦法用這樣的名字,因為我們沒有「鳳」這種動物,雖然土耳其人也知道鳳凰是一隻火鳥,但就只是一個傳說,不會用來當名字。

臺灣人常常會問我為什麼叫吳鳳,其實吳鳳只是我的藝名,我的中文全名叫吳承鳳。可是後來發現,臺灣人幾乎大家都有綽號,我也想要

有一個，就把我中文名的第一個字跟最後一個字合在一起。

有時候人家問起我名字的由來，我還會開玩笑的回答：「因為最近 iphone 很流行，所以我叫吳鳳。」後來人家告訴我才知道，原來吳鳳的名字在臺灣有過一段爭議的過去。

而我的土耳其名字叫 Ugur Rifat Karlova，我知道不容易唸，因為裡面有很多「r」的音，很多臺灣朋友都不太會唸我的全名。

剛來臺灣時，我常用土耳其名字向大家介紹自己，可是每當我說「我叫 Rifat」時，大家總會聽錯，而且每個人的唸法都不一樣。有些臺灣人唸起來像「re-fat」，fat 是很胖的意思，我怎麼可能是個胖子呢！還有人叫我「re-fart」，fart 是放屁的意思，這也太誇張了吧！但最誇張的是有人叫我「re-fuck」—— What ?!?! re-fuck ?!?!?!這也太危險了吧！於是，我馬上取了一個中文名字，以免再產生誤會。

所以拜託大家，如果有一天我們見面的話，請不要叫我的土耳其名字，除非你的土耳其話很標準，因為我怕你們會叫我 re- ?!?!?!，哈哈哈！

只有臺灣有，別處找不到！

我愛臺妹，
臺妹愛我！

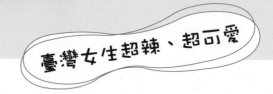

臺灣女生超辣、超可愛

來臺灣之前，就常聽說臺灣女生很漂亮。哪一個男生聽到這句話不會覺得很興奮呢？所以在安卡拉唸書時，我就很期待能夠親眼一睹臺灣的美女。

其實我在安卡拉認識的臺灣人中，也有很漂亮的女生，但我還是想要親眼看看，臺灣路上到底有多少美女？你們不要覺得吳鳳很色，這只是我這個小土包子的小小願望而已！

好期待認識臺灣美女啊！

在土耳其認識的臺灣朋友也常跟我
說：「吳鳳，你去臺灣一定很多女生
喜歡你。」我每次聽到這句話，都好
想趕快搭飛機來臺灣。

來到臺灣後，果然印證朋友的話──
真的到處都是美女！雖然如此，大家

不要以為我一到臺灣就過著很快樂逍遙的日子，其實我已經空窗好一段時間了，想談戀愛也不是那麼容易。尤其在國外，需要努力了解新環境，所以我在臺灣的前五個月一直都是單身。

哈哈！我知道你們一定不相信，因為很多臺灣人都覺得，老外在臺灣很容易找到女朋友，說不定一下飛機馬上交到一個女朋友。很可惜不是這樣的，大家都誤會了啊！其實無論臺灣人或外國人，男生都還是要拿出真心誠意來努力追求，要不然也不會有女生輕易就喜歡你的。也許我要跟總統反應一下，拜託讓外國人多認識一些美女，增加更多機會才對。

我自己覺得找女朋友沒那麼容易，以前的我真的很害羞，不太會跟女生聊天，很多同學都覺得很奇怪，平常這麼活潑的人，怎麼一看到女生就這樣扭扭捏捏的呢？

相較之下，的確有些外國人滿容易就交到女朋友，可能是因為他們比較會表達對女生的感覺，土耳其女生也滿喜歡歐美男生的，比如熱情的義大利人或拉丁人。

而最受臺灣女生歡迎的應該是美國、加拿大人，因為他們的生活環境

比較常有party，所以比較快投入夜生活，語言是英文也是一個很大的優點。

以前我在夜店裡常會遇到一些女生對我說：「Hi, what's up？」我直接回答中文，她就離開了。哈哈！早知道我就應該說：「Yeah, what's up baby？」

無論在任何地方，我都不喜歡直接搭訕女生，怕會打擾到對方。我都會先確認她有沒有在注意我，才上前去認識。不過我常看到一些男生（臺灣人、外國人都有），他們一看到美女就會立刻衝過去說「Hello！」哇塞，也太主動了吧！

外國人喜歡臺灣女生的原因很多，我覺得大部分臺灣女生都愛穿很短的褲子，看起來很sexy，男生一看就會覺得「wow」！好像來到海邊一樣，男生就會很high。

我在臺灣六年，覺得臺灣最辣的女生出沒區域就是夜店，真的很辣！辣到老外會直呼 oh my god！我第一次在夜店看到那麼多臺灣辣妹時，覺得好像來到天堂。即使如此，臺灣男生還是不會胡亂騷擾她們，要是在國外，外國男生早就開始大唱「sexy bomb sexy bomb」的歌了！

第一次在臺灣看到女生穿這種褲襪，我真的嚇到！土耳其女生絕對不可能穿這麼 sexy！

雖然在國外，女生也會穿很短，不過比例來說還是臺灣比較多，這也和每個國家的治安有關，因為在國外，有些男生可能會很沒禮貌的騷擾穿著比較火辣的女生，臺灣男生比較不會這樣，非常有禮貌。

除此之外，我發現臺灣也有同性戀者專門活動的區域，在這裡可以自由的生活，這也是我很欣賞的。所以我認為，臺灣比很多西方國家安全得多，雖然也有壞人，但還是比外國少多了。

我常聽人家說最漂亮的亞洲女生是在上海，我沒有去過上海，所以不太清楚。但我去過香港跟澳門，還是覺得臺灣女生最漂亮。香港女生的優點是比較有國際觀，但臺灣女生不那麼嚴肅，有時候和臺灣女生聊天，好像和小朋友講話一樣，聲音有點娃娃音，很可愛。

不過，其實外國人不喜歡太過可愛的女生，會覺得年紀好像太小了。這好像是受到日本流行的「kawaii」（可愛）風格影響。但我覺得這不太適合臺灣女生，因為臺灣文化已經夠精采，不需要再被其他文化影響。

我最喜歡自然的女生，不喜歡假裝可愛或刻意模仿別人的風格。擁有並保護自己的文化才是最自然的，表達出自己的特色、相信自己的女生最迷人！

很多臺灣朋友會問我關於女生的問題，請不要覺得老外都有很多女朋友，因為有些女生被一些壞老外影響，覺得老外一定很花心。其實無論臺灣人或外國人，一定都有壞男生，但也有好男生的（像我一樣）。

最後，請讓我獻一首歌給你們：我愛臺妹～臺妹愛我～！

只有臺灣有，別處找不到！

西瓜甜不甜？
拍拍拍不完！

自拍、扮鬼臉，臺灣人超會

臺灣人常常拍照拍個沒完，不是為了捕捉風景或名勝古蹟，都在拍自己——尤其是好多可愛女生都超愛自拍，可能一天可以拍到一千張照片！我的媽呀！雖然我不太了解為什麼，但我如果到夜店、西門町和東區這些熱鬧地區，都有好多人一直在拍照，我就會偷偷觀察這些女生的動作。

以前我就知道日本人很愛自拍，來到臺灣後，我發現臺灣人真是一點也不輸給他們。男生還好，大部分都跟我一樣不太愛自拍，但是女生

臺灣女生都很會扮鬼臉！

真的非常厲害。這些愛自拍的女生根本就是專業級！臺灣還有很多電視節目會邀請一些女生談自拍文化，她們會運用不同角度，讓自己看起來更漂亮，臉再大拍起來都變成瓜子臉；會做很多可愛的鬼臉、擠眉弄眼；每個人皮膚看起來都好亮、眼睛都好大；甚至有四十多歲的女生，拍出來的照片像二十歲……我相信連她們的家人看到照片，也會認不出來，實在差很大！每次我對照本人跟照片，都會嚇到。

除了自拍，臺灣女生也超愛拍其他東西，好像任何東西都可以拍，拍自己、美食、蝴蝶、寵物……但對一個外國人來說──This is too much！（這太超過了！）

以前我有一個女朋友，每次去吃東西時她都會說：「吳鳳，先不要吃！」

我嚇一跳，問：「怎麼了？為什麼不要吃？」

她就會拿出相機，慎重的說：「因為我要拍照片。」

我不開玩笑，她每次拍照不拍個十分鐘不會停，每次拍完，我們要喝的湯都冷掉了──我真的好想哭！吃漢堡也拍、吃牛肉麵也拍……唯一一次沒有拍，是因為那天她忘記帶相機了。那一天我真是太開心了，差點歡呼出來，因為終於可以舒服的吃東西啦！

在國外，無論男生、女生都沒有這種愛拍照的習慣，但因為交了這麼誇張的女朋友之後，我也多多少少受到她影響。

有一次我回土耳其，吃飯的時候，我拿出相機跟妹妹說：「先不要吃，讓我拍一下。」

妹妹眼神中充滿了疑惑，對我說：「哥哥，你真的愈來愈奇怪了。」

大家一定都遇過這種愛拍照的人，也許你也很愛拍照，我發現很多臺灣人拍照時候一定會比「yeah」的手勢，可說是臺灣人的招牌動作，就連八十歲阿嬤也會比「yeah」。

以前我在國外沒有看過，所以第一次看到臺灣人一起說「yeah」然後拍照時，覺得很奇怪。後來我回去土耳其，跟朋友拍照時順便比了一個「yeah」，所有朋友都覺得我瘋了，還取笑我：「三十歲的男人還裝可愛！」

對愛拍照的臺灣人來說，任何時間、任何地點，無論走路、逛街還是上課，都是拍照的最好時機和地點。

某天，我搭捷運從臺北車站到淡水，捷運上的一些女生，一路從臺北車站自拍到淡水，因為功力實在太深厚，看得我都傻眼了。我猜她們至少拍了一百張照片吧！

剛來臺灣，我自拍還很遜。

現在我也愈來愈會啦！哈！

我越來越會擺 pose 啦，大家看我這樣帥嗎？

不久後，我也學會了自拍，所以現在我的手機裡有很多自拍照。常常在捷運裡面自拍，拍到忘記下車！

我去動物園時，也常看到很多人拍照會模仿動物的動作。大家一起喊「老虎」，馬上就擺出老虎的姿勢；一起喊「蛇」，就擺出蛇的姿勢。大家都像小朋友一樣享受拍照的樂趣。

就連政治人物也有固定的姿勢，不過選舉時，候選人拍照的動作都差不多，我想他們可能要跟臺灣女生多學學。哈哈！

我常在想，我應該跟這些厲害的臺灣人拜師，學學拍照的技巧，這樣也許有一天，我自拍的照片看起來就會像布萊德・彼特一樣帥喔！哈哈！

PART 3

只有臺灣有，別處找不到！

這樣也能賺錢？
聽都沒聽過！

稀奇古怪的工作

不知道大家有沒有想過，其實臺灣有一些工作或職業，在國外是完全沒有的。我在臺灣發現這些奇特的職業之後，覺得很新鮮，你們猜猜看是什麼工作呢？

第一個就是「通告藝人」。以前還沒開始當「愛玩客」主持人的時候，我也曾當過通告藝人一段時間，認識了很多通告藝人。

很多臺灣朋友以為通告藝人在國外也是常見的職業，其實不然。在國

寶潔，你怎麼看？

外上節目的藝人大多都會有另外一個專業身分，例如歌手、演員、藝術家……但臺灣的通告藝人工作很專精，就是上節目聊天，而且各種主題都能聊。

雖然我已經在臺灣生活六年，還是覺得這工作很特別。因為在國外，沒有一個電視臺會給你錢上去聊天，也沒那麼多談話性節目，臺灣卻至少有超過五十個談話性節目吧！

我進入演藝圈之前，完全不知道這些在人幹嘛，「上節目聊天」也可以是一種工作嗎？這樣哪會賺錢呢？後來我也上過一些談話性節目，慢慢變成通告藝人，大部分聊的主題都和外國人的生活有關，每次都被問一樣的問題。像是「外國人過年都做什麼？」「你喜歡吃臭豆腐嗎？」「外國男生是不是很容易就找到臺灣女朋友？」……問到我都會背了。

我都忍不住想，為什麼只能從一個角度來看外國人的生活呢？我其實也很想回答一些比較有趣或有深度的問題，不過也許是為了娛樂效果，所以比較無法讓外國人好好表達自己的想法吧！也因為這樣，重複上幾次節目之後，我才知道當通告藝人真是一件很不簡單的事！

另一個讓我脫口驚呼：「我的媽呀，他們在幹嘛？」的工作，就是路邊的人肉廣告看板。就是有些人站在路邊，拿著一個廣告牌，或是身上揹著很大的牌子，上面寫著房子的介紹。

他們通常一站就是一整天，天氣很熱的時候也不能隨意走動。可是他們是人，不是機器也不是木頭，這樣不會中暑嗎？我一邊覺得驚訝又覺得很難過，每次在路邊看到這些人，都會覺得我的運氣很好，因為他們的工作實在是太辛苦了。

有一次我真的太好奇，就問了一個站在路邊的人肉廣告看板大哥。

吳鳳：「大哥，你在這裡做什麼？」

大哥：「工作。」

和我一樣在臺灣生活的老外們。

吳鳳：「這是什麼工作？不覺得很累嗎？」

大哥：「就是這樣幫人家的公司打廣告，雖然累，但是沒辦法啊。」

吳鳳：「賺很多錢嗎？」

大哥：「沒有啦，一天一千塊而已。」

吳鳳：「哇，大哥，真的很辛苦，加油喔！」

大哥：「謝謝你！」

我真是很佩服這些人，他們有老有少，為了賺錢，每天站在路邊吸進一堆廢氣、忍受噪音，也傷害到自己的健康。但是跟那位大哥說的一樣，為了生活，沒有辦法啊！

臺灣還有一個很奇怪的職業，就是「檳榔西施」。

我以前也沒看過，所以腦袋裡總是裝了「十萬個為什麼」想問她們：為什麼這些女生穿那麼少？她們在做什麼？為什麼總是坐在一間玻璃屋裡？

大部分老外剛來臺灣時，也會因為她們穿著太清涼，而誤以為她們是性工作者。在歐洲，只要給那些站在玻璃屋裡的女生錢，她們就會開始跳性感舞蹈，或讓你看她的胸部。

一開始我以為檳榔西施也是這種工作，可是檳榔西施的店門口也沒有很多人在逛，讓我很納悶。仔細觀察後，才發現只有汽、機車會在那邊停一下下，然後檳榔西施走出來，拿一些東西給司機後，就回去了——她們到底在幹嘛？

大概過了一個月後，我忍不住好奇心，就問我的臺灣朋友：「她們是做sex的嗎？」

我朋友一聽就開始笑，說：「不是啦！她們是在賣檳榔，穿這樣看起來很性感，就可以吸引很多男人來買。」

我一聽到答案，疑問就更多了：「檳榔是什麼？」

「檳榔就是臺灣的口香糖，但對身體不好，不過有些人喜歡吃，因為可以提神。如果你有興趣，也可以試試看。」

這是我現在的工作——外景節目主持人！

我連忙回答：「不用啦！我吃一般的口香糖就好了，哈哈！」

原來她們是要賣檳榔才穿那麼性感啊，如果在土耳其也有這種工作的話，我想每天晚上都會發生好多車禍吧！但臺灣人好像已經見怪不怪了。

這些工作就是這麼特別，其實無論是什麼工作，賺錢都不是一件簡單的事，吳鳳也要跟大家一起加油啊！

只有臺灣有，別處找不到！

颱風來了，
請小心淹水

老外從沒見過的天氣型態

無論哪一個國家，都會遇到可怕的天災，臺灣也不例外。在臺灣，最常發生的天災就是水災、颱風和地震。土耳其也有地震和水災，不過沒有颱風。

在臺灣生活的六年裡，我還沒有遇過非常可怕的大地震。不過一九九九年時，土耳其發生大地震，臺灣也發生了「九二一」大地震，當時很多人因此喪生。（註）我去過南投的「九二一地震紀念

館」，裡面提到土耳其人在九二一大地震的時候，來臺灣幫忙救災，覺得很感動，臺灣也在土耳其大地震的時候幫忙過。

臺灣跟土耳其擁有共同的悲傷跟回憶，也互相幫助對方走出災難的傷痛，真的可以說，我們就像是兄弟一樣緊密啊！

因為土耳其沒有颱風，所以我來臺灣之前對颱風完全不了解。以前只有在電視上看過美國發生的颶風跟龍捲風，看起來真的很恐怖，連牛和車子都被龍捲風捲進去。

在土耳其的臺灣朋友跟我說，臺灣的颱風沒有那麼可怕，但是雨量跟風的強度真的很嚇人，人還沒到臺灣，心裡就對颱風有點怕怕的。

每次到了夏天，就是颱風的季節，只要有颱風靠近，臺灣人就開始緊張，到處都可以看到颱風的資訊。大家也會預備很多食物跟水。

二〇〇七年時，我遇到生平第一個颱風。因為根本沒想到颱風會那麼可怕，所以，我沒有準備很多食物存放在家裡。還樂觀的想：「沒有問題啦！如果颱風來，我就不要騎車，直接走路去便利商店買東西，這樣就不會危險啦！」

——事情當然沒有那麼簡單，我真是小看颱風的力量了！我道歉！

颱風登陸那天，我簡直要嚇死了！從來沒有看過那麼強烈的風雨，根本不可能走去便利商店。外面狂風暴雨，我只能待在家裡，哪也不能去，肚子好餓，又沒有東西可以吃，我想，如果颱風沒殺死我，我也遲早會被餓死吧！

於是，我決定等到風雨沒有很大的時候，硬著頭皮出門！一走出家門，風就開始瘋狂打我的臉，外面沒有任何一個人、一輛車，只有我一個笨蛋老外在找便利商店。風快把我快吹走了，全身也濕淋淋，連內褲都濕了，到處都是被打掉的葉子、樹枝，好可怕！不到五分鐘我就宣告放棄。

我回到家，肚子實在餓得受不了，只好去敲鄰居的門。

隔壁的大哥開門後，我可憐兮兮的說：「大哥，不好意思。有沒有吃的東西可以給我？因為我好餓！颱風太可怕了，我沒有辦法去買東西吃。」第一次敲門跟別人要食物，我覺得很不好意思，臉紅得像猴子屁股。

鄰居笑著說：「真是個笨蛋老外！哈哈哈，開玩笑啦！沒問題，你先回家換衣服再過來，我們一起吃飯吧！」

我聽了真的好開心，終於可以吃到飯了！大哥請我吃他太太做的中式料理，我痛快的狼吞虎嚥。

大哥一邊吃，一邊說：「吳鳳，臺灣的颱風很可怕的，不要小看它，下次小心一點啦！」

我說：「沒有問題，下次我先去買二十個 pizza 回來！」

從此之後，我發現了臺灣颱風的可怕。後來每次聽到颱風要來的消息，我就馬上去買一些食物、租幾片DVD，來打發無聊的颱風假。不過，因為我住的地方是頂樓加蓋，臺灣朋友還嚇我：「吳鳳，你這樣可能有一天會被風吹走喔！」讓我有一點擔心。

幸好，大家目前還沒聽到過「老外跟加蓋的房子一起飛出去」的新聞，這就表示我的房子還很安全喔！

註：一九九九年八月十七日，土耳其中部和西部發生芮氏規模七點四強烈地震。十一月十二日又發生七點二強震。兩次地震都造成很嚴重的傷亡與損失。

只有臺灣有，別處找不到！

永遠在這裡
歡迎光臨你

真誠的禮貌運動

無論走到臺灣哪一個角落，都可以聽到人們這樣對你說。不過，對一個外國人來說，第一次聽到那麼多「歡迎光臨」，感覺真有點不自在。

雖然在國外也有說「welcome」的習慣，但很少有人會用如此熱情的語氣，用力對客人大喊：「歡迎光臨！」就連這種文化的源頭日本，感覺上也沒有臺灣人熱情。

我也去過很多其他亞洲國家，像是韓國、香港、澳門、馬來西亞、泰國……都沒有受過如此熱情的「待遇」，他們說的「welcome」比較商業化，感覺就是沒那麼貼近我的心，不像臺灣有很溫暖的感覺。

雖然土耳其少見這種有禮貌的歡迎方式，不過，土耳其人也很喜歡招待客人喔！通常，土耳其餐廳的老闆會熱情的請客人喝飲料，讓客人開心，但不是每家店都有那麼好的服務，還是要碰運氣。

我認識一個臺北的餐廳老闆，每次去他的餐廳，他就會一直說：「吳鳳，歡迎光臨！吳鳳，我支持你！」然後拚命請我喝飲料。

我都有點不好意思，客氣的說：「老闆，謝謝你，不用那麼客氣。」但他還是堅持請客，讓我非常感動，每次去他的餐廳，就覺得好像去爸爸的店一樣開心！

不只是餐廳，在臺灣就連去便利商店，都會聽到店員很有活力的對客人說：「歡迎光臨」、「謝謝光臨」。

我有一位美國朋友，每次聽到店員說謝謝光臨，他就會回答：「不客氣光臨！」

我最喜歡看到店員結帳時的「碎碎唸」：「總共一百二十元，收您五百元，找您三百八十元。謝謝！」每次我聽到店員這麼快速的算術都會大傻眼，覺得他們好厲害又好有趣喔！

有一位法國朋友還跟我說，她來到臺灣之後，開始有點討厭法國。因為臺灣人實在太友善、太可愛了，反而自己國家的人就沒有那麼客氣。

有一位美國朋友更說：「在臺灣太開心了！我不想回美國那個爛地方！我甚至想死在臺灣！」

也許臺灣人生性害羞，但熟了之後，就會熱情以待，邀請你去他們家作客、請你吃飯，到常去的餐廳吃飯，老闆還有可能幫你打折，到哪裡都像在家一樣親切。

我深深覺得，現代社會因為商業化，在大都市的人們往往愈來愈冷淡，但很高興我生活的臺灣一點都不會。大家還是很熱情的對待每一個人，真希望臺灣可以繼續保留這種熱情！

太好吃、太好喝
的胖子養成班！

外國人聞之色變的臭豆腐、豬血糕，我喜歡！

臺灣人超愛的雞腳、鴨血，我也愛！

還有珍珠奶茶、蜂蜜紅茶、葡萄柚綠茶……

OMG！一天到晚吃吃喝喝，我要變成吳胖鳳啦！

太好吃、太好喝的胖子養成班!

老闆，
我不要吃豬肉

千變萬化的中華料理

身為一個外國人，我一定要寫寫在臺灣的美食探險，因為臺灣真是一個美食天堂!

土耳其沒有中國城，所以以前很少吃到中華料理，就算有，價格昂貴、口味也沒那麼道地，直到來到臺灣，才開啟我對中華料理和臺灣本土美食的了解。

臺灣人的「愛吃」讓我非常訝異，西方人喜歡聊足球，臺灣人則最愛

吳鳳問：「這是什麼食物？」
小編答：「是超好喝的酸辣湯啊！」

聊美食，不論是電視節目、新聞、報紙、廣播……無論走到哪裡，都可以接收到很多美食的消息，這是我在土耳其從來沒見過的。

不但如此，臺灣人在聊天時也很喜歡分享自己吃過的美食，這些對話我都聽得津津有味，因為我很少會跟朋友聊那麼多美食的事情。土耳其人比較喜歡談論足球、政治或國際消息。

我發現對臺灣人來說，一起吃飯、逛夜市是很重要的事。很多臺灣人的晚餐都會在外面吃。在土耳其，吃飯一定要在家裡，外食情況比較少見，因為土耳其沒有夜市，也不習慣一邊吃東西、一邊走路，除非有重要約會才會到外面的餐廳吃。

從我來臺灣到現在，嘗試過各種不同的臺灣美食，但我覺得還沒有全部吃遍，因為臺灣人永遠在創造新口味！

我在安卡拉唸書時，臺灣朋友推薦我臺灣夜市美食，叫我一定要體驗

看看，而且還說，我到臺灣一定會變胖！

當我第一次看到夜市裡包羅萬象、那麼多不同特色的美食時，簡直眼花撩亂，每個逛夜市的人都悠閒的邊吃邊走，到處都人山人海、擠來擠去，覺得臺灣人真的好愛吃喔，也太誇張了吧！

那天，有一位臺灣朋友陪我逛夜市，她說：「吳鳳，這就是夜市啦！我們很喜歡這樣邊走邊吃！」

雖然那個晚上充滿驚訝，卻覺得很新鮮。我也開始學臺灣人邊走邊吃，家人看到我分享的照片，都覺得這樣好熱鬧、好好玩喔！

只不過，因為太常逛夜市，三個月下來，我發現一件晴天霹靂的消息——我胖了三公斤！只好趕快控制食量，免得繼續吃下去，一年後我就認不出自己啦！

還記得在夜市第一次吃的就是牛肉麵，我以前從來沒吃過，覺得非常特別。起初，我以為湯頭沒有什麼了不起，不過喝了一口才發現，臺灣牛肉麵的湯頭很有味道，跟著牛肉和麵一起吃下肚——啊！這樣的搭配讓我一想到就口水直流，真是太好吃了！

夜市人山人海也有好多好好吃的東西,你找到吳鳳了嗎?

我也喜歡雞排、鱔魚炒麵、鹽水意麵、嘉義雞肉飯、烤鴨三吃……每道菜都有不同味道、不同吃法。不過，我有一樣最喜歡吃的食物，你一定猜不到——那就是「豆花」，每次一到新的地方，第一件事就是要吃當地的豆花，一天不吃豆花，就沒辦法活下去，吃到現在，我可說是「豆花博士」啦！哪間豆花最好吃，我可是非常有心得喔！

雖然臺灣只是一座小島，面積只有土耳其的二十五分之一，但美食的豐富程度，卻不輸任何一個國家。而且，因為臺灣地小，餐廳跟夜市的距離都不遠，很容易就形成美食聚集的商圈。

如果去師大夜市散步，你就會發現，小小的師大夜市就像聯合國：印度、美國、希臘、韓國、日本料理應有盡有。「多元化」就是臺灣最吸引外國人的一大特色，而且價格便宜。在土耳其的異國料理價格相對昂貴，其他國家的高級餐廳當然就更貴了。

我曾經在土耳其吃過一間很好的餐廳，只點了一種土耳其很有名的麵點「Manti」（類似臺灣的水餃，裡面包羊肉餡，搭配優格和薄荷葉一起吃）跟一瓶水，你們猜猜我花多少錢？居然就要臺幣五百元，而且我根本也沒有吃飽！在歐洲，最簡單的三明治至少要臺幣一百五十元。現在你們知道為什麼我會覺得臺灣美食「便宜又大碗」了吧！

雖然我那麼愛逛夜市，但還是有些老外不太習慣吃夜市的食物，我覺得很真可惜，因為這樣他們永遠無法真正了解臺灣的美食文化。

我有一個外國朋友就是如此，他覺得夜市不太衛生，所以都只吃速食。不到一個月，他的肚子就開始不舒服，最後只好跟著我們來夜市吃臺灣料理，肚子就神奇的不痛了。哈！

我都跟每個外國朋友說，你們要慢慢了解、適應臺灣文化，才會過得更開心，來到新的地方當然需要新的開始！每次我聽到有些老外一直抱怨臺灣美食，都會生氣大罵：「如果你不喜歡這些食物，那你還留在臺灣幹嘛？」真討厭！

不過，在那麼多元有趣的美食文化裡，我也遇過哭笑不得的狀況。由於我是穆斯林，所以不吃豬肉（當然有時候不小心吃到沒關係）。記得有一次我去吃飯，跟老闆說我不吃豬肉，結果出現以下對話：

「老闆你好，我不吃豬肉喔！」

老闆回答：「好，沒有關係。」然後老闆就遞給我一盤食物。

碳烤啊，告訴我你好不好吃？

我吃完後覺得很好吃，就問老闆：「老闆，這個很好吃，是什麼啊？」

老闆回答：「是火腿。」（火腿不是豬肉做的嗎？！）

我嚇一跳，跟老闆說：「老闆，我說我不吃豬肉耶！」

老闆連忙說：「喔，不好意思！」

過了幾天，我又去那間餐廳，跟老闆說：「老闆你好，記得我不要吃豬肉，也不要火腿喔！」（這樣說應該就沒問題了吧？）

老闆說：「沒有問題！」然後給了我另外一樣食物。

我吃完後，覺得很好吃，再問老闆：「老闆，這也很好吃耶！是什麼？」

老闆回答：「你吃的是香腸。」（香腸明明就是豬肉做的啊！）

我又嚇一跳，說：「老闆，我說我不要吃豬肉耶！」

老闆又連忙回答：「不好意思、不好意思。」

後來我又去那間餐廳，一進去就告訴老闆：「我不要豬肉，也不要火腿、香腸、肉鬆、排骨……」（哈，我點菜真是有點麻煩啊。）

那麼搞笑的對話，那麼可愛的老闆，讓我覺得臺灣真是一個充滿愛的地方。不好意思，說著說著我又餓了，我去吃飯了，馬上就回來。

對了，你們知道最後老闆給我吃什麼嗎？

——他給我吃「培根」。（苦笑）

珍奶、紅茶，
今天要喝哪一杯？

五花八門飲料大比拚

講了那麼多美食，其實臺灣的飲料選擇也多得數不清，看來臺灣人除了喜歡吃東西，好像也超喜歡喝飲料。

土耳其的飲料種類就沒那麼多，但是在臺灣，光是便利商店裡就有一百多種不同的飲料，害我每次進去都不知道該喝什麼，因為常常有新口味上市，太複雜了！聽說日本也是這樣。有一次去韓國，發現那裡飲料種類也很多，這大概是亞洲的文化吧！

臺灣和土耳其人喝茶的習慣也有很大不同，關鍵就在於「糖」。臺灣茶有自己的味道，不需要加糖，但土耳其人喝茶一定要加糖，所以很多土耳其人老了以後都會有高血糖。至於為什麼要加糖？原因我也不太清楚，可能這樣喝起來比較順口。土耳其的茶種類也不多，大部分是紅茶，後來開始有綠茶，但大多是西方的品牌，跟臺灣茶的味道不太一樣。

臺灣的天氣很熱，所以我會喝非常多飲料。以前在土耳其我通常喝蘇打水，其他歐美國家也都流行蘇打水，但在臺灣比較少見。臺灣人比較喜歡有味道的茶或比較甜的飲料，所以大部分飲料都會加糖。

因為受中華文化影響，茶是臺灣人的最愛，到處都有，不但便利商店有各種罐裝茶，路上還有獨特的手搖茶店。

每次我回土耳其，也一定會買臺灣茶送親朋好友，但我每次都不知道要買哪種比較好，應該沒有一個老外搞得懂過那麼多種茶的名堂，什麼桂花烏龍、茉莉白茶、蜜香紅茶……真是太複雜了。

如果有一天，你看到一個老外在飲料店前面發呆，趕快過去幫他一下，因為他很有可能不知道該喝什麼。

記得我第一次看到手搖飲料店的菜單就傻眼了：紅茶、奶茶、冰淇淋紅茶、珍珠奶茶、烏龍茶、百香果綠茶——哇！怎麼這麼多？

點飲料也很複雜，店員會一直問：「要半糖還少糖？要去冰還少冰？」

聽到一連串問題，我的腦袋一時之間還無法反應。

店員又問：「先生，你要袋子裝嗎？」

這個問題我會！

我立刻回答：「不，我要杯子裝。」（店員：「……」）

現在，臺灣的飲料都紅到其他國家去了。我在香港時也看到有賣珍珠奶茶，就很開心跑去點。沒想到點完之後，大概等了二十分鐘才拿到。

我就開店員玩笑：「小姐，你們的奶茶應該真的是從臺灣運來的吧？哈哈！」（店員：「……」）

除了手搖飲料，臺灣也有悠久的喝茶文化。我曾在阿里山親眼見識了

阿里山的茶很好喝！

泡茶的不同動作跟典故，我在師大的老師也是這樣喝茶的。喝的速度也很講究，真的好複雜！

除了茶文化，臺灣人也好愛喝酒喔！我第一次被臺灣人請喝酒，就是喝金門高粱，才嚐了一口就快要噴火，真是好烈的酒啊！

主持節目時也常遇到一些熱情的原住民朋友，一直叫我「喝酒啦」「來喝酒」！。

我都會趕快搖搖手說：「謝謝大哥，我現在不要喝。」

請我喝飲料就好，
不要請我喝酒！

他們馬上就會把酒杯拿到我面前，假裝生氣的說：「臺灣沒有說『no』的，一定要喝！」

為了不掃興，我只好喝一點點，大哥們看了很開心，就自己喝很多很多點，也都不會醉，真是厲害！

臺灣還有一個傳統，如果遇到特別場合聚餐，每個人都會離開自己的位置去找其他人，一邊要說恭喜、一邊舉杯敬酒。

我第一次參加類似的聚餐，就有很多臺灣人來我旁邊說：「吳鳳，乾

杯！」乾沒多少杯，吳鳳就倒了。因為我那時候還不知道可以回答：
「大哥，隨意、隨意！」每個人跟我說乾杯，我就傻傻的乾杯。

後來我就學乖了，每次人家叫我乾杯，我馬上說隨意隨意，然後只喝
一點點，因為我知道不能和臺灣人拚酒，我一定會輸的啊！

雖然喝酒很嗨、很好玩，還要要奉勸各位臺灣朋友，喝酒要注意安全
啊！開心、快樂最重要，請不要喝太多。喝酒以後也千萬不要開車。

最重要的是，如果你們遇到老外的話，請先教他「隨意隨意」這個字
的意思，因為我們這些不會喝酒的遜咖老外非常需要用到啊！

太好吃、太好喝的胖子養成班！

為了美食，
排再久也甘願！

超有耐力的排隊文化

土耳其人跟臺灣人一樣愛湊熱鬧，但本質上有一點點不同。在土耳其如果發生車禍事故之類的狀況，一定會有很多人過去圍觀。雖然臺灣人多多少少也會如此，但臺灣人更愛在美食方面湊熱鬧！

只要看到哪裡有好吃的路邊攤、哪間餐廳很多人光顧，臺灣人一定會去那邊湊熱鬧，開始跟著排隊。每次看到餐廳前面大排長龍，我都驚訝不已，大家居然願意排這麼長的隊等這間餐廳，一開始我還以為餐廳在發免費的食物呢！

夜市最多美食，
也最常需要排隊
（暈倒～）

如果臺灣人只有在百貨公司辦週年慶這種特別活動時才排隊的話，我還可以理解，因為土耳其人也會這樣。可是，就連一個小小的路邊攤都能讓臺灣人心甘情願的湊熱鬧，我就有點百思不得其解了。

我剛來臺灣的時候，第一次看到很多人在排隊湊熱鬧，就很好奇的跟著大家排隊。心裡很期待等一下不知道會吃到什麼美食，因為那麼多人排隊一定很有名！

輪到我的時候，我開心的問老闆：「排了那麼久，有什麼東西可以吃？」

老闆淡淡的回答：「雞排。」

我嚇一大跳！怎麼會是雞排？我等那麼久只為了吃一個雞排？

老闆說：「因為我的雞排很有名，所以大家天天都來排隊。」

雞排對我來說都一樣，對臺灣人來說差很大！

這食物是雞排嗎？

我聽到老闆的答案都快哭出來啦！我從來沒在土耳其為了雞排，排隊排那麼久，對我來說，雞排就是雞排，怎麼吃都一樣啊！

說到這裡，你一定會笑我這個老外不懂門道，唉！我真的是不太理解，但對臺灣人來說，好吃的餐廳或夜市，首要條件就是一定要熱鬧！一家店的人氣，就代表了它的口碑和口味！

不過對外國人來說，太熱鬧有時候也不太好，因為很擠，吃飯常常要等很久。我是個懶惰的老外，肚子餓的時候喜歡趕快吃到飯，無法像臺灣人一樣，排隊排到腳快斷掉，只為了等吃的，除非是我最愛的豆花和滷味，我願意排隊到暈倒都沒有關係！

臺灣人排隊是不管天氣的，因為對臺灣人來說，最重要的是要吃到好吃的料理，連冬天很冷的時候，大家還是不屈不撓的排隊，真是瘋狂！而且，臺灣人平常最愛討論的話題也是哪裡有好吃的東西。

如果臺灣人今天決定要吃水餃，他心中一定有一份「超好吃水餃」名單，馬上就知道該去哪裡吃。不像我就算是很喜歡的餐廳，只要看到很多人在排隊，我馬上就會轉移陣地，隨便找一間餐廳吃。老外真是太弱（遜）啦，哈哈！

就連我在拍攝「愛玩客」節目時，中午要找地方吃午餐，工作人員都一定會事先查好當地最熱鬧的地方，或是最知名的餐廳，但對我來說，我真的吃不出這一家的牛肉麵和另一家有何差別，幹嘛一定要特定某一間店不可呢？真是搞不懂。

我覺得每一個肚子餓的臺灣人都好像軍人一樣，任務就是「吃飯」。雖然如此，卻很少看到臺灣人在排隊的時候吵架，大家都很有秩序。如果在國外，很容易就會發生衝突，我在土耳其就有看過，為了插隊就大打出手，真是誇張又可笑。

我覺得，臺灣人那麼愛吃排隊美食，很大一個原因就是臺灣美食節目太厲害了！臺灣美食節目主持人介紹美食的樣子，也跟國外主持人不太一樣。

大多國外的美食節目主持人吃完東西之後，都會說：「哇！我喜歡這

個，這是很好吃的食物，好棒、太完美了！」但臺灣主持人會很傳神的描述美食的味道和口感，當然就能引起大家對美食的興趣。

不只美食節目，連新聞也報導很多關於美食的消息。一樣的時間，國外的新聞會報導歐巴馬或國際新聞，但臺灣新聞裡會報導牛肉麵跟蔥油餅。我總是忍不住想，如果奧運有「排隊」這個比賽項目的話，臺灣人一定會得金牌吧！

太好吃、太好喝的胖子養成班!

臺灣人肚子裡
都能撐船!

超強吃到飽「食」力

臺灣有一種餐廳很常見,那就是「吃到飽」餐廳。我在臺灣已經生活六年,當然也去過很多次吃到飽餐廳,對我來說「吃到飽」就等於「吃到爆」的意思,因為臺灣人吃到飽「食」力實在太強大了!

我在土耳其曾經當過導遊、服務生,經常看到人家用餐的情形,但從沒有看過比臺灣人還會吃的人。真的不能小看臺灣人,雖然個子小小,沒有歐美人那麼高大,可是肚子裡就好像有一個很厲害的工廠不停在

處理食物一樣，可以不停的吃。雖然如此，我卻很少在臺灣看到大胖子，反倒老外很多都是大胖子。

而且，臺灣的吃到飽餐廳最棒的一點，就是價錢很便宜。臺灣比較高檔的吃到飽餐廳，頂多臺幣一千元以內絕對吃得到，如果在國外，肯定超過這個價錢！

有一次，一位朋友請我去吃臺北一間五星級飯店裡的吃到飽，一個人居然只要臺幣一千元；我也在高雄吃過一間很厲害、很好吃的吃到飽餐廳，也只要臺幣八百多元，真是太便宜了！同樣的價錢，在土耳其雖然也能吃到好吃的料理，但絕對吃不到頂級食材，還無限量供應。

臺灣的吃到飽餐廳有很多種類：火鍋、烤肉、海鮮，連 BBQ 也可以吃到飽。國外的 BBQ 吃到飽都很貴，所以很難得才能去一次。來到臺灣之後，我也常常去 BBQ 吃到飽。

每次我去吃到飽餐廳，都會用力的吃、盡量的吃、瘋狂的吃！但還是無法超越臺灣朋友，連臺灣女生都比我還厲害，每次看著大家狼吞虎嚥，我都忍不住想：臺灣人的胃到底有多大啊？

去吃到飽餐廳的時候，我最喜歡觀察女生了，先說明：我可不是色狼喔！我只是覺得，臺灣女生的食量真是不容小覷，平常那麼可愛、嬌滴滴的美女，到了吃到飽餐廳，就會搖身一變，成為綠巨人浩克！

以前我有一個女朋友就是這樣，每次去吃到飽餐廳，她就開始指揮。

「吳鳳，幫我拿蝦子。」

「吳鳳，我要吃羊肉。」

「吳鳳，幫我拿牛肉，幫我拿番茄，幫我拿雞肉！」……天哪！難道我女朋友的真面目原來是怪獸嗎？

吃到飽餐廳還有一個很有趣的現象。每當服務生把新的食材放到架子上後，大家就會一窩蜂衝過去拿最新鮮的食材，好像在比賽一樣。這也是我很喜歡參與的活動之一（以為是去玩的嗎？）。每次服務生大叫：「牛肉來了！」我就會跟大家一起衝過去搶肉，哈哈！

記得剛來臺灣的時候，就被臺灣朋友帶去吃到飽餐廳，當時朋友覺得，老外一定要嘗試臺灣的吃到飽，就請我吃飯。

那是一間很不錯的餐廳，我很喜歡裡面的氣氛，價錢也不高。坐下之後，大家就開始吃了！一下去夾食物、一下又大快朵頤，可是不到三十分鐘，我就覺得吃飽了，轉頭一看同行的臺灣朋友，好像才剛開始吃一樣，戰力絲毫不減！

我心想，頂多再吃一個小時，大家就會飽了吧！沒想到，一個小時過去了，朋友完全沒有停下來的意思。吃了羊肉、魚肉、蝦子，再繼續吃羊肉、牛肉、蝦子……不停循環。

朋友發現我很快就吃飽了，還跟我說：「吳鳳，在臺灣的吃到飽，一定要吃得很兇才過癮啊，你只吃一點點太可惜啦！」

我的媽呀！我哪有只吃一點點，對我來說已經是很多很多了，都快吐出來了！但在他們眼裡，我這樣根本就算是沒有吃東西。

我永遠記得第一次踏進吃到飽餐廳的震驚表情。那天晚上，我們在餐廳裡面待了兩個多小時，大部分的時間我都在看朋友吃飯。我一直在想，如果我也像他們一樣，應該早就送醫院了吧？臺灣人真的太厲害啦！

可怕的是，離開餐廳的時候，我問他們：「你們吃飽了嗎？」

朋友竟回答：「吃飽了。但這次吃得不夠多，下次可以吃更多！」

如果有一天，你們在吃到飽餐廳遇到我，看到我只吃一點點的話，請不要笑我。我這個老外雖然個子很大，但我其實是小鳥胃啊！

太好吃、太好喝的胖子養成班！

這東西……
能吃嗎？

頭皮發麻的恐怖美食

中國人有一句話：「天上飛的、地上爬的，都可以吃。」真的是這樣嗎？臺灣人也會吃很奇怪的食物嗎？

我目前住在萬華，知道附近有一個臺北很知名的夜市——華西街，有賣蛇肉、鱉肉、田雞等奇怪的食物。第一次看到的時候，我真的嚇到了，想不到餐廳裡面居然會賣這些東西！

在臺灣的這些日子，我也遇到一些恐怖食物，很多食物恐怖到連臺灣人也不敢嘗試。但我還是先從簡單的恐怖食物說起好了，免得大家就不敢看我的書了。

臺灣新聞很喜歡報導一些外國人不敢吃的臺灣美食，最有名的就是臭豆腐、豬血糕、雞腳。

還記得我第一次看到雞腳的時候，驚訝的問老闆：「這是什麼？」

老闆說：「這是雞腳，很好吃，要不要吃吃看？」

怎麼可能吃吃看！你們有看過哪一個老外這麼大膽，敢去點雞腳來吃嗎？在土耳其沒有這種食物，但我知道土耳其的雞處理完之後，雞腳會出口。該不會那些出口的雞腳都到臺灣來了吧?!

我有一位土耳其朋友的女朋友，有一次買了很多雞腳，然後去找我的朋友。我朋友一看到她帶了一袋雞腳，嚇一大跳，馬上打給我求救。

「吳鳳，我完蛋了，我女朋友正在吃雞腳，我晚上怎麼跟她 kiss ？」

我只好安慰他：「沒關係，眼睛閉起來，你也吃一、兩隻雞腳吧！」

雖然外國人怕吃雞腳，但基於好奇心，有一次我就決定吃吃看。雖然雞腳看起來可怕，其實味道沒那麼可怕，皮軟軟的、骨頭很容易咬碎，如果加一些香料的話還滿好吃的。

你一定覺得雞腳根本沒什麼，只是很普通的食物罷了。但我在臺灣吃過最可怕的可不是雞腳。

有一次，朋友的爸爸請我吃一個東西，我吃完之後覺得有點奇怪，就問他這到底是什麼。他帶著奇怪的笑容，叫我仔細看——天哪！原來是「蜜蜂」！是用花生炒的，吃起來有點花粉的味道。大哥還得意的說，我吃到蜜蜂很幸運，這可是一道很貴的菜呢！

後來，朋友又給我吃另外一樣食物，也沒有告訴我是什麼，然後問我：「喜歡嗎？」

我說：「不錯，這是什麼？」

朋友回答：「會跳的雞。」

什麼啊？雞應該不會跳吧？

他又說：「臺灣的雞會跳得很高，因為牠是田雞。」

可是我完全聽不懂田雞是什麼，想說大概就是田裡養的雞吧。他只好坦承，田雞就是青蛙。雖然又讓我嚇了一大跳，不過田雞味道還不錯啦！好像在吃很嫩的雞肉。

自從主持「愛玩客」之後，我開始挑戰許多真正的恐怖美食。大多數臺灣人一定會覺得是臭豆腐，但對我來說那完全不是恐怖食物，它的味道聞起來真的很可怕，但是吃起來很棒，無論炸、滷、烤都好吃。

臭豆腐最可怕的在於製作過程，豆腐使用的鹵水真的臭到教人受不了！連臺灣人也怕那個味道，但是沒有鹵水就無法吃到好吃的臭豆腐。臺灣人覺得臭豆腐愈臭愈好吃，我完全同意，但絕對不要碰到那個鹵水，實在是臭得……有點像 shit。

真正最可怕的料理，是我在主持「愛玩客」的時候，吃了蠍子、蜘蛛、螞蟻！ Oh my god ！

錄影之前，我還先打給爸爸說：「等一下我要去吃蠍子、蜘蛛和螞蟻喔！」結果爸爸掛我電話，哈哈！

其實這些食物比較常被拿來做成中藥，大部分臺灣人也不吃。當這些東西被端上桌時，我一看到牠們的樣子就嚇到了，但因為好奇，我就跟自己說：「加油！觀眾也很想知道到底這些蟲是什麼味道！」於是我拿起蠍子咬了一口，覺得好像炸蝦，味道很香，其實不難吃。

暫時過了蠍子這關，還有兩項恐怖食物。因為蜘蛛的樣子很可怕，我做了很久的心理準備才咬下去，居然也不難吃，很像螃蟹。

最後是螞蟻，看起來像很多小珍珠，吃起來的味道，我只能說──噁心！酸酸的，好像加了檸檬，我才吃一口就受不了，結果最後只有螞蟻沒有過關。

我知道看了這些恐怖食物之後，你們一定會想：怎麼可能？！我同意你們的反應，因為我也覺得「怎麼可能？！」哈哈！所以我決定還是不要分享鱷魚肉的口感好了。大家好奇嗎？下次告訴你！

猜猜這是什麼？
答案是——
鱸魚！

太好吃、太好喝的胖子養成班！

不是每個土耳其人都會做冰淇淋

土耳其料理大解密

去淡水老街或各大夜市玩的時候，你一定有看過用木桶裝的「土耳其冰淇淋」吧！老闆會用一根長長的竿子攪拌冰淇淋，因為冰淇淋很有黏性，可以黏在竿子上，老闆還會在給你冰淇淋的時候捉弄你一下。

每次有臺灣人聽說我是土耳其人，就會緊接著問：「那你會做土耳其冰淇淋嗎？」

哈哈，當然不會啦！哪有這麼簡單！這就像是問每一個中國人：「你會中國功夫嗎？」當然不是每個人都像李小龍一樣厲害。

來臺灣之前，其實我從來沒有聽過「土耳其冰淇淋」，因為冰淇淋在土耳其是很常見的甜點，但臺灣人好像以為所有土耳其人都很愛吃冰淇淋，或是土耳其到處都是冰淇淋。

「土耳其冰淇淋」之所以那麼出名，我想是因為賣法很有趣，尤其是小朋友特別喜歡。

這種冰淇淋在土耳其叫「Maras Dondurma」，三百年前起源於馬拉許這座城市。冰淇淋口感特殊，主要含有羊奶，還有其他祕密成分，與土耳其當地氣候結合，吃起來有點像麻糬。在臺灣由於氣候和土耳其不一樣，所以味道還是沒那麼道地。

希望大家有機會可以去土耳其品嘗真正的 Maras Dondurma。土耳其有一家連鎖店叫作「MADO」，專門賣這種冰淇淋。

除了土耳其冰淇淋，「沙威瑪」也是臺灣有名的土耳其美食。

土耳其人稱沙威瑪為「doner kebab」，沙威瑪的麵包裡面會夾很多沙拉跟香料，肉的品質也很重要，要不然味道就不對味。我在臺灣吃的沙威瑪比較簡單，味道也不算豐富，但勉強可以接受。

在臺灣，做沙威瑪的很少是土耳其人，所以我比較少吃。我吃過比較道地的沙威瑪，是位於臺北 101 附近電影院二樓的一家土耳其料理餐廳「Doner kebab 都拿其堡」。

那麼，到底在臺灣什麼時候可以吃到道地的沙威瑪呢？那就等吳鳳有錢的時候開一家餐廳，就可以吃到囉！

PART 5

什麼都有，什麼都超好玩！

臺灣雖然小，晚上卻一點都不無聊，
要什麼有什麼！
想玩就去夜店，想吃就去夜市，
有什麼日用品想買，還有便利商店，
二十四小時不打烊！

什麼都有，什麼都超好玩！

五光十色
不夜城

派對動物最愛夜生活

每次有外國朋友到臺灣來玩，我都會跟他們大力推薦，一定要體驗一下臺灣的夜生活。尤其是臺北，真是太好玩了！一些住過南部的朋友也說，雖然臺北空氣不太好，空間比較狹窄，但如果要玩到瘋狂的話，臺北是最好的選擇！

對很多外國人來說，臺灣的生活物價也超級便宜。我從沒聽過五百元喝到飽，不過在臺北很多夜店都有這種服務，真誇張！雖然酒的品質不算很好，但五百元還是非常便宜！在土耳其，一間普通夜店裡的啤

酒，一杯就要一百元臺幣，而且店裡的環境也沒那麼好。

除了喝到飽的平價夜店，比較高級的夜店消費也不算太貴，像是 ROOM 18、LUXY、PRIMO、STRIKE、MIST、SPARK 等等，都是很有名氣的夜店，入場費差不多八百到一千兩百元臺幣，還附兩杯飲料呢！

不管是土耳其或任何一個西方國家的夜店，消費都比臺北貴多了！我知道土耳其一些夜店的入場費就要臺幣一、兩千元，喝一瓶啤酒臺幣四百元。而且在這種地方，大多數客人也都很驕傲，感覺環境不那麼親切，不像臺灣夜店，大家都很容易就打成一片。這就是為什麼老外那麼喜歡臺灣夜生活的原因：便宜、安全、好玩又方便。

當然國外夜店也有很多優點，比如空間很大、有厲害的表演，端看個人喜好。不過很多西方國家（包括土耳其）為了賺觀光客的錢，都會把夜店消費拉得很高。像土耳其每年約有三千多萬個觀光客，當地的夜店跟飯店規模都特別大，隨便消費都超過臺幣五千元，其他歐洲國家如德國、法國、西班牙更貴。

我喜歡臺灣夜生活的另外一大原因，就是感覺比較自在，不像國外很多人喝醉就開始隨便亂講話或騷擾別人。

我最近認識一個美國朋友,他說:「臺北真是安全,我從來沒想過這裡環境那麼好!在美國,大家根本都是走在路上隨便拿機關槍掃射的啊!」哈哈,當然他只是開玩笑啦!不過真的很多歐美人一直讚嘆臺灣的夜生活。

雖然我不是派對動物,但偶爾還是會去放鬆一下,不過我的酒量不太好,喝個兩、三杯就會開始講閩南話、廣東話、上海話、客家話……如果你在夜店碰到我,發現我開始亂說話,就表示我已經喝醉啦!

每次去臺灣的夜店,我都覺得很多辣妹的跳舞功力,一點都不輸雷哈娜或 Lady Gaga。但臺灣男生就比較內向,搭訕女生時也很有禮貌,會慢慢靠近女生然後一起跳舞,然後才開始聊天。

有時候我覺得臺灣男生動作實在太慢了,可能在女生旁邊跳一個小時,都沒有跟她聊天。外國人就比較直接,一看到美女就衝過去跟她說 hello。有些笨蛋老外很可怕,常會假裝喝醉直接說:「寶貝,妳想跟我回家嗎?」這真的很沒禮貌!

當然臺灣的夜生活不只夜店,還有很多餐廳都開得很晚,甚至有早餐店會從晚上就開始營業,想讀書還有二十四小時營業的書店,真是太

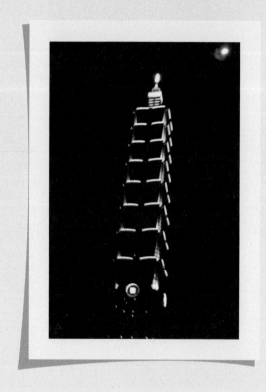

跨年的時候，101四周就成為最熱鬧的派對現場！

棒了！這在土耳其可沒有。

我常常跟國外朋友說，有機會一定要來臺灣體驗寶島夜生活，還寄照片給他們看，大家看到照片之後都超想來的！

我已經有好幾個朋友來臺灣體驗過，他們回去都告訴我：「吳鳳，我們好想念臺灣，你住在臺灣真是幸運！」

我也同意，因為臺灣夜生活真是太讚了，我真是個幸福的老外啊！

什麼都有，什麼都超好玩！

到山上當原住民的啦！

自然原始森林大探險

有一天，「愛玩客」的節目製作人問我說：「吳鳳，你想不想挑戰臺灣的野外求生？」

他看起來好像在開玩笑，所以我也開玩笑回答：「可以啊！我很想體驗 Room18 和 Luxy 的野外求生技術！」

他哈哈大笑，說：「不是夜生活求生體驗啦！我們決定要讓你體驗臺灣的野外生活！」

我嚇一跳！我這個老外都還沒有離開過城市，以前也沒爬過山，一想到就覺得怕怕的。但製作人叫我放心，他說臺灣原住民都很厲害，有原住民陪你就免驚啦！

於是我認識了宜蘭的阿雄哥。製作單位覺得，反正我身邊有原住民幫忙，應該不會有問題，也不需要帶任何食物，只給我一把刀跟一包鹽，就和阿雄哥進入了深山。

阿雄哥一見到我，就很熱情的歡迎我：「吳鳳，歡迎你來到我的部落，你準備好了嗎？」

我擔心的問：「大哥，我們真的要在山上度過三天兩夜嗎？」

他點點頭說：「對啊，可惜三天兩夜太短了，其實我希望可以過一個星期呢！一定會更好玩。」聽到他這樣說，我心裡就更害怕啦！

我們真的沒有帶任何食物，只準備了簡單的衣物跟大背包。阿雄哥爬山好快，他沒有穿什麼特殊裝備，也完全不需要任何器材輔助，就知道該往哪走。

原來阿雄哥是莫那魯道的親戚（賽德克族），他們天生性格勇敢，而且喜歡接受各種挑戰。在我這個老外眼中，阿雄哥就是一個真正的泰山！

爬了不到三個小時，我就覺得好累喔，平常走路三小時就會覺得很累了，爬山更覺得辛苦。但阿雄哥說，這只是剛開始而已。因為我們必須走大概十小時才能休息——還要走那麼久？我聽了差點暈倒！

阿雄哥看我好像很虛弱的樣子，就很貼心的讓我多休息。走著走著，我的肚子開始咕嚕咕嚕叫了，但是沒有帶食物啊，怎麼辦？

阿雄哥神祕的說：「等一下我幫你做海鮮料理。」

在山上吃海鮮？怎麼可能！

阿雄哥叫我一起跟他尋找食物，他帶我來到一條河流旁，我正納悶：這條小河會有吃的東西嗎？阿雄哥已經開始忙碌了。

他問我：「吳鳳，你喜歡吃螃蟹嗎？」

我說：「喜歡啊，但這裡怎麼可能有螃蟹。」

找到的食物幾乎都只能生吃，我肚子好餓啊！

結果阿雄哥就把手伸進去河裡的石頭下摸索，不到五分鐘，他就大喊一聲——哇！真的被他抓到一隻螃蟹！不過，這隻螃蟹有點小，怎麼吃呢？阿雄哥就叫我把唯一帶來的物品之一「鹽巴」拿給他。

我實在想不透，用鹽巴要幹嘛呢？這螃蟹是要拿來烤、炸還是……沒想到，居然是我最害怕的吃法——生吃！

阿雄哥一邊笑我驚訝又害怕的樣子，一邊說：「想要體驗野外求生，一定要找到什麼吃什麼，要不然會餓死喔！」

我跟阿雄哥說，我還是餓死算了！因為我真的不敢吃生螃蟹。可是阿雄哥不理會，還是一直抓螃蟹，抹上鹽巴之後就放嘴裡，看起來好噁心啊！不過阿雄哥吃得津津有味，這就是野外求生的第一個法則：有什麼吃什麼。

阿雄哥也找一些葉子給我吃，這些植物我從來沒有看過，因為肚子實在太餓，所以只好硬著頭皮試試看，沒想到加上鹽巴之後，葉子還滿好吃的。

我一邊吃著葉子，一邊想念臺北的夜市，不過我現在在山上，這裡的餐廳就是整座森林，服務生就是阿雄哥。

吃晚餐的時候，阿雄哥跟我說，他最大的願望就是跟祖先一樣，生活在山裡，因為山跟森林才是他真正的家。我可以感受到阿雄哥很想要保留自己的文化。就像我很喜歡的電影「賽德克‧巴萊」一樣，那些原住民為了保留自己的文化而奮戰，是真正的勇士，我覺得阿雄哥也算是現代的勇士。

雖然沒有吃飽又很累，但是我還很享受山上的風景跟空氣，以前我都不知道宜蘭有那麼豐富的生態。晚上要睡覺的時候，阿雄哥砍下樹枝跟竹子，手腳俐落的幫我搭了一個天然帳篷。

他說：「吳鳳，你一個外國人跑來這裡體驗，也很不容易，好好休息吧！如果有山豬來你不用怕，只要抱住牠就沒事了。」

我一聽又差點嚇死，阿雄哥真是愛開玩笑！

我躺在葉子鋪成的床上，一邊仰望天空一邊聆聽大自然的聲音。有很多飛鼠在叫，還有不同的蟲跟鳥發出聲響，我感到一股濃濃的自由氣息。閉上眼睛，度過我在臺灣深山的第一個夜晚。

第二天，阿雄哥帶我來到一條非常漂亮的河流旁，雖然走的很累，但一看到那麼清澈的水，我興奮的馬上跳進去——哇！水好冷、好舒服！阿雄哥說，今天要來抓魚，我非常開心，終於可以吃到好吃的食物了。

雄哥，晚上可以吃魚，不要吃飛鼠嗎？

在河裡的石頭有很多小縫，就是魚躲藏的地方。阿雄哥教我，只要把手伸進縫裡，一定可以抓到魚，不過動作要快。

一個小時過後，我們抓到了十條魚，馬上現場烤來吃（幸好阿雄哥有帶打火機），只用鹽巴簡單調味就非常好吃，我也終於吃飽啦！

阿雄哥也告訴我很多原住民的傳統故事，還有他的祖先如何對抗日本人。每個故事都充滿歷史的記憶。他還教我怎麼認出有毒的葉子、怎麼在野外保護自己等知識。我就好像身處一個很大的自然學校一樣，學到很多新的東西。老師就是賽德克族的阿雄哥。

晚上，阿雄哥帶我去找飛鼠，他覺得全天下最有營養的食物就是飛鼠（聽起來有點可怕）。阿雄哥很會設陷阱，三兩下就抓到一隻飛鼠，他馬上生火，現場烤起飛鼠。飛鼠吃起來有點像雞肉，真是作夢也沒想

吳鳳你頭上那個是條碼嗎?

到,有一天飛鼠會成為我的大餐。

吃著飛鼠,我也和阿雄哥分享我的故鄉土耳其,和臺灣生活的點點滴滴。他聽得津津有味,兩人在短短幾天之內,已經變成好朋友了。

隔天早上起來,就要準備下山了,我的心情非常複雜,一方面很開心終於要回家,一方面又覺得捨不得阿雄哥。

跟阿雄哥道別時,他說:「吳鳳,有機會再來喔!這裡是你的家。」

我聽了很感動。要來山林體驗之前,我真的很怕會失敗,幸虧有阿雄哥的幫忙和鼓勵,我才能順利度過這三天,而這趟旅程也成為我永難忘懷的回憶。

阿雄哥,你真是我心目中的英雄‧巴萊!

什麼都有，什麼都超好玩！

跟著媽祖一起
遶境趴趴走！

重要的民間信仰

我很久以前就聽說過臺灣有「媽祖遶境」的活動，據說每年都有幾十萬人聚集在大甲。因為「愛玩客」節目的關係，今年我也是跟著遶境的信徒之一，深刻體驗到臺灣的民俗文化之美。

我來到大甲鎮瀾宮，才發現這活動有多麼重要，連總統都來參加，現場非常熱鬧，大家看起來都很興奮。雖然媽祖晚上才要出發，但已經有很多人在廟前面占位置了。直到我親眼看見現場人山人海，才真正

了解到媽祖真的深深影響著臺灣人民，就連我參加完媽祖遶境之後，
都覺得被信仰的虔誠所感染，和以前的我不一樣了。

這次有三個大甲的在地朋友陪伴我，他們說，整個媽祖遶境的路線是
從大甲鎮瀾宮開始，走路到新港奉天宮，然後回鑾，總共需要九天八
夜。這距離不短，來回大概三百多公里，沿途會有很多不同的廟會活
動，讓這九天都熱熱鬧鬧的。

我發現，媽祖遶境的沿路活動，根本熱鬧到沒有辦法走路，不知道的
人可能還以為是 Lady Gaga 來了吧！很多信徒發現「愛玩客」來拍攝，
都很熱烈的歡迎我們，紛紛向我簽名、合照，讓我很意外。

遶境在夜晚出發，鑾轎後面會有大批信徒跟著媽祖走路，就連八十歲的老人家也跟著走。信徒也爭先恐後的想碰到鑾轎，因為這樣可以獲得媽祖的保佑。雖然是晚上，但媽祖經過的每一條路都會放鞭炮，而且沒有人睡覺，都在等待媽祖駕到。

從夜晚到早上，隨著媽祖遶境的人員幾乎都不休息，一直往前走，直到遇到廟宇才會停下休息。

早上的行程也一樣熱鬧，信徒無論是小嬰兒還是老人家、有錢或貧窮，紛紛排隊趴在地上鑽轎，來獲得媽祖的保佑。這個畫面對我來說很有 fu，不但看到臺灣人對媽祖的尊重跟愛，更覺得所有人在這裡獲

得的保佑都是平等的。我也跟著大家一起趴下去鑽轎，所以今年我也獲得了很多保佑，希望能夠把這些祝福跟大家一起分享。

遶境途中，還有一件事讓我非常感動。參加媽祖遶境的民眾都很大方，無論我到哪裡，都可以享用到免費的飲料和食物，因為他們覺得能幫忙遶境的信徒，會讓媽祖開心，也會得到媽祖很多的保佑。

不但如此，每間廟宇也都提供信徒免費食物跟住宿。大家一起在廟裡睡覺，即便只能睡地板，可是所有人都覺得很舒服、很滿足。雖然國外也有類似的活動，但都已經變得很商業化，不可能有那麼多免費的服務，這就是臺灣人對信仰的虔誠和無私的奉獻吧！

參與遶境也讓我認識很多來自全臺各地的新朋友，熱情的向我介紹在地美食。大家也都很開心有一個老外陪大家走路，很多人送我禮物，最奇特的禮物就是「綠油精」。

一開始我不知道怎麼用，還以為是飲料，送我的大姐連忙告訴我，綠油精是要擦在臉上的。我就聽她的話擦在臉上，沒過多久，我的臉就燒起來了！大家看到我的糗樣，都快笑死了！

這就是臺灣的「人情味」，雖然我以前就知道臺灣人對老外很友善，不過參加媽祖遶境之後，感覺自己更像臺灣人了！

有一位大哥甚至特別幫我安排扛轎的機會，我很興奮！等了三個多小時，終於扛到轎了！哇！也許我是臺灣歷史上第一個扛轎的老外，我永遠都不會忘記這一刻！雖然只有短短三十秒，因為大家要搶著扛轎，但身旁的大姐跟我說，三十秒就等於三百年啦！

這次經驗，讓我真正接近了臺灣人的心。可是這麼棒的活動，除了臺灣人之外好像很少人知道。我決定回臺北之後，要馬上寫信給 CNN 還有其他西方媒體，讓全世界都發現這個活動！

我認為，不能讓媽祖遶境只留在臺灣，應該屬於全世界！我的願望就是有一天，能把媽祖遶境放在國際舞臺上，讓更多人了解媽祖讓臺灣人奉獻的偉大精神。

鹽水蜂炮
嚇死人啦！

特別的民間習俗

臺灣人很瘋、很 high，即使被幾百萬支鞭炮炸，也很爽，真的是這樣嗎？如果你們去體驗過鹽水蜂炮就會知道，臺灣人才是全世界最瘋狂的 high 咖！

我從沒有聽過有哪個國家會一次放三百萬支蜂炮炸人，但在臺南的鹽水小鎮，每年都有好幾萬人心甘情願跑去被蜂炮炸。

這個就是傳說中
會炸得我屁股開
花的蜂炮嗎？

「鹽水蜂炮」是臺灣的傳統習俗，被蜂炮炸是為了讓壞的靈魂跑掉。
但現在，很多臺灣人都是因為好玩才去參加。

以前我在電視上看過鹽水蜂炮，在西方國家，警察是不可能允許人民
這樣放炮的。但在鹽水，就連警察也會一起參加這個瘋狂活動！我想
這種瘋狂程度也只有西班牙的「奔牛節」，或俄羅斯人會在天寒地凍的
時候跳到冰水裡的活動可以比擬了。在土耳其，最瘋狂的活動頂多就
是看足球，然後看完就打支持其他隊伍的粉絲。哈哈！開玩笑的啦！

要參加鹽水蜂炮，需要很多事前準備，第一就是要穿很多層厚衣服，
才不容易被炸傷。第二就是要準備一頂全罩安全帽，如果沒有安全帽，

我不是要騎車，我是要去玩鹽水蜂炮！

很有可能明年就無法再參加鹽水蜂炮，也沒有辦法看吳鳳主持節目了。所以，注意安全是非常重要的。

當天晚上，我也和跟大家一樣穿得很厚，旁邊的臺灣人一直跟我說加油。

「愛玩客」的工作人員跟我說：「吳鳳，鹽水蜂炮最好玩的地方就是最前面，因為最前面的人最勇敢。」

我回答：「我覺得最好玩一定是在最後面，因為待在最後面的人才最聰明。」雖然大家希望我衝到最前面，但我還是怕怕的，蜂炮都還沒開始

放，我的心跳就超級快！

去過鹽水的人知道，當天晚上在鹽水的各個地點，會有大大小小規模的蜂炮，看你想挑戰哪一種。其中最大的會同時放好幾十萬支蜂炮！

在現場，我還遇到一個很厲害的角色。她是一個約六十歲的阿嬤，完全沒有帶任何裝備跟安全帽，就在我旁邊一起等著放蜂炮。

我嚇一跳，問她：「為什麼妳沒有戴安全帽？不怕被打到嗎？」

她的答案很無厘頭：「沒關係，我是鹽水人。」

鹽水人就不會被打到嗎？但是阿嬤看起來很輕鬆。

過了五分鐘，蜂炮開始四處飛，我看到蜂炮在天空飛來飛去，好像幾百萬隻蜜蜂在飛！看起來有點像在打仗。

我轉頭一看阿嬤，簡直傻眼——她根本不是人，她簡直就是「駭客任務」電影主角啊！阿嬤完全不跑不跳，只慢條斯理的走，讓蜂炮從她身旁飛過，我反而被打到好幾次。

鹽水意麵很好吃，不用去鹽水蜂炮那裡拚命啦～太可怕！

過了不到一分鐘，四周全是煙，根本無法看到人。雖然整個過程只有三分鐘，但我覺得好像過了三十分鐘那麼久。

蜂炮放完了，阿嬤跟我說：「很好玩，明年再來喔！」

看她這樣都毫髮無傷的樣子，我驚訝的說不出話來。

身處在蜂炮之中，有時候會被打到很少、有時候很多，端看你的運氣。聽說有些人裝備不太好，蜂炮還會從脖子後面的空隙彈進去，結果在安全帽裡爆炸，非常危險！雖然如此，大家還是玩得很開心。

如果你真的很害怕，也不一定要進去戰場，可以吃吃鹽水的名產「意麵」就好。哈哈！

吳鳳vs.臺灣
的13之最

我愛臺灣的不同美食、餐廳、城市,臺灣朋友也常常問我,到底吳鳳最喜歡做什麼?吃什麼?去哪裡玩?所以我要跟大家分享我在臺灣最喜歡和最不喜歡的東西。看看你和我喜歡的東西一不一樣,也許我們會有很多共同點喔!

最喜歡的地方:綠島

跟臺灣朋友去過綠島,覺得非常好玩。綠島有很單純的美麗、很乾淨,雖然面積不大,卻能放鬆的休息。

不過綠島的夏天太熱了，所以我覺得四、五月去最好。我在綠島浮潛過，覺得綠島的海洋生態很豐富，就連以前在泰國浮潛也沒那麼美。

最喜歡吃的食物：豆花

臺灣好吃的食物那麼多，其中我最喜歡的就是豆花。

土耳其沒有豆花，但有一些土耳其甜點還滿像豆花的，所以我每次吃豆花時，都有種回到故鄉的感覺。如果你們問我，要當總統還是豆花店老闆？我一定馬上回答後者，而且這樣也不會天天被罵，哈哈！

最喜歡喝的飲料：仙草牛奶

我非常喜歡喝仙草牛奶，因為土耳其沒有「仙草」，吃起來有點 Q 有點軟，我超喜歡。

最常吃的料理：麵

我最常吃麵，因為臺灣有很多不同的麵料理。

我很推薦「鹽水意麵」，裡面有一點蒜頭的味道，麵條很Q很軟，真想給它一個讚！說著說著，我肚子又餓了。

最喜歡的餐廳：三味食堂

我最愛西門町的一家壽司餐廳「三味食堂」，因為他家的壽司超大又新鮮，而且非常便宜。我常常去，老闆也都認識我，還會一直請我喝飲料。

三味食堂有很多熱炒，價錢不高，我常常和朋友一起去那邊享受巨大的壽司！

最喜歡的夜市：師大夜市

當然是師大夜市！我對師大夜市很熟，那裡有什麼、多少錢、好吃不好吃……問我就對了！

最喜歡做的事：運動

我最愛在萬華運動，因為萬華是我的地盤！通常我會在家附近跑步跟打球，每次運動之後，就會覺得壓力減少、體力更好。

萬華是臺灣很傳統的地區，老外也不多，讓我真正感受到道地的臺灣文化。

最常說的話：歹勢、頭家

我發現我最常掛在嘴邊的是閩南話——「歹勢」跟「頭家」。我想我大概是那種謙卑又和善的人類吧！

最常去的地方：西門町

西門町。因為離我家很近又方便，而且西門町充滿年輕氣息，感覺有點像日本，所以我都叫它「little Japan」。那裡有很多餐廳跟電影院。我也常常去萬年大樓逛街，認識的老闆還會給我打折。

最喜歡的臺灣歌手、歌曲：王傑〈一場遊戲一場夢〉

你們聽到一定會嚇一跳，因為我最喜歡的歌手是八〇年代的王傑。他唱的〈一場遊戲一場夢〉是我最愛的歌。而且我有他的 CD，常常聽得很感動。

最喜歡的臺灣電影：賽德克·巴萊

我非常喜歡「賽德克·巴萊」，裡面的故事讓我很感動，我想我上輩子大概是原住民吧！以前我也常看華人拍的電影，但大多都是英文，在臺灣中文愈來愈流利之後，就可以看更多華語電影。臺灣的電影愈來愈厲害了，我也覺得很驕傲！

最喜歡的城市：臺南

我喜歡臺南，因為它有非常豐富的歷史和文化，讓我聯想到土耳其西北部的一座城市「埃斯基謝希爾」（Eskisehir），它的名字意思就是「古城」，在土耳其的歷史上占有很重要的地位。

就像臺南也可說是臺灣文化的出發點一樣，我有聽過臺灣的歷史故

事，荷蘭人和明朝時候的人都是從臺南登陸，然後開始建設臺灣，讓臺南成為最重要的文化跟貿易中心。

每次我去臺南玩，都可以看到很多傳統的臺灣建築，還有很多歷史悠久的老房子也被保存得很好。後來開始主持「愛玩客」，也常常去臺南拍攝，所以我對臺南的了解比其他城市更多一點，讓我一點一滴愛上臺南。

最討厭的事：下雨

最討厭下大雨了！騎機車時很危險又很濕。

後記

臺灣就是
我的家

英文有一句話說：「時光飛逝（Time Flies）。」我已經在臺灣六年多了，但好像昨天才來到桃園機場的感覺，時間過得真快。

我爸爸也常常跟我說，日子跟夢一樣。我也覺得，生命好像一場夢，王傑說得沒錯：一場遊戲一場夢。生活就是如此。

「夢」這個字也代表了我在臺灣的生活，在土耳其讀書時，來臺灣是我的夢，來到臺灣、夢想成真之後，臺灣又慢慢成為給予我更多夢想的地方：教育、愛情、工作……都是夢的一部分。當然夢裡也有辛苦的日子，也有眼淚，但這一切還是很值得。

很高興在臺灣的第六年，可以跟你們分享我的故事。這六年，我努力把握很多機會，讓我的生活更豐富，在臺灣得到許多新的經驗、挑戰

坐在飛往臺灣的班機上，很興奮，
就好像昨天才發生一樣。

過不同困難，認識了各國的朋友，臺灣可說是給了我一個新的未來！

以前我沒有工作的時候，很多人都跟我說：「你最好離開臺灣，因為臺灣無法給一個外國人很大的未來。尤其是娛樂圈，不可能會紅。」

但是我相信自己，這裡是我的家，我不要那麼快就放棄在臺灣的夢想。這就是人生最需要的力量──自信。結果，這份自信讓我成為臺灣電視史上第一個大型外景節目的外國主持人。

以前我只有一個家，就是土耳其，不過現在我有了第二個家──臺灣。六年過得很快，我希望可以繼續在臺灣度過更多年頭，繼續分享我的新故事，也想要聽你們的故事。

謝謝大家的支持！謝謝臺灣人的熱情！也謝謝上帝的奇蹟！讓我住在這座小島上，這座小島藏了很多神祕又有趣的事情。這就是吳鳳從不認識臺灣，到愛上臺灣的故事。

來臺灣這幾年，我也去了好多美麗的地方！

阿里山的老外
～美如水呀～

我愛台北！

花蓮七星潭
好漂亮！

VIEW 系列 007

土包子愛臺灣——吳鳳的 28 個生活驚奇

作　　者——吳鳳
主　　編——陳信宏
責任編輯——尹蘊雯
封面設計——好春設計 陳佩琦
內頁設計——張瑜卿
校　　對——邱韋霖、蕭沛晴、尹蘊雯
發 行 人
董 事 長——孫思照
總 經 理——莫昭平
第二編輯部
總 編 輯——李采洪
出 版 者——時報文化出版企業股份有限公司
　　　　　　10803 臺北市和平西路 3 段 240 號 6 樓
　　　　　　發 行 專 線—（02）2306-6842
　　　　　　讀者服務專線— 0800-231-705・（02）2304-7103
　　　　　　讀者服務傳真—（02）2304-6858
　　　　　　郵　　　撥— 19344724　時報文化出版公司
　　　　　　信　　　箱—臺北郵政 79-99 信箱
時 報 悅 讀 網—http://www.readingtimes.com.tw
電子郵件信箱—newlife@readingtimes.com.tw
第二編輯部臉書—http://www.facebook.com/readingtimes.2

法律顧問—理律法律事務所 陳長文律師、李念祖律師
印　　刷—鴻嘉印刷有限公司
初版一刷—2012 年 8 月 17 日
定　　價—新臺幣 260 元

國家圖書館出版品預行編目資料

土包子愛臺灣 : 吳鳳的28個生活驚奇 / 吳鳳著.
初版. -- 臺北市 : 時報文化, 2012.08
面; 公分. -- (View ; 7)

ISBN 978-957-13-5607-5(平裝)
1.民俗 2.風俗 3.臺灣文化

538.833　　　　　　　　　　　　101012620

ISBN 978-957-13-5607-5
Printed in Taiwan

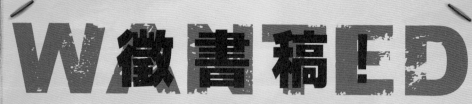

W 徵書稿 ED

想要分享生活經驗、保健心得嗎？
或是擁有突破性的研究與見解，希望讓更多人知道？
不管是居家生活、教育教養、健康養生、旅行體驗，
乃至人文科普、語言學習、國學史哲或各類型小說，
歡迎各界奇才雅士踴躍投稿！

請參考時報文化第二編輯部已出版之各類型書籍——

生活類

生活飲食	健康養生	旅行體驗	兩性愛情

《吃吃當季盛產，最好！》
李內村 著

《算病：算出體質，量身訂做養身方案》
樓中亮 著

《小小站‧停一下‧最悠哉的 37 個鐵道私房祕點》
段慧琳 著

《誰想一個人？單身戀習題》
大A 著

知識類

教育教養	自然知識	人文科普	語言學習	國學史哲

《老師，你會不會回來》
王政忠 著

《苦苓與瓦幸的魔法森林》
苦苓 著

《大災變：你必須面對的全球失序真相》
林中斌 著

《每日二字‧這樣用就對了！》系列
淡江大學中文系著

《國文課沒教的事》
劉炯朗 著

紙本投稿請寄：10803臺北市和平西路三段240號3F 第二編輯部收
e-mail投稿：newlife@readingtimes.com.tw或newstudy@readingtimes.com.tw

備註：
1.以上投稿方式可擇一投稿。
2.若郵寄紙本書稿，請投稿人自行留存底稿，編輯部若不採用，恕不退回。
3.投稿者請寫明聯絡方式，以便編輯部與投稿人聯繫。